Kohlhammer

Der Autor

Prof. Dr. Christian Roesler, Dipl.-Psych., Psychologischer Psychotherapeut, lehrt Klinische Psychologie an der Katholischen Hochschule Freiburg i. Br. sowie Analytische Psychologie an der Universität Basel. Er ist darüber hinaus Dozent an den C.G. Jung-Instituten Zürich und Stuttgart sowie Lehranalytiker am Aus- und Weiterbildungsinstitut für Psychoanalytische und Tiefenpsychologisch fundierte Psychotherapie am Universitätsklinikum Freiburg (DGPT).

Christian Roesler

Traumdeutung und empirische Traumforschung

Verlag W. Kohlhammer

Dieses Werk einschließlich aller seiner Teile ist urheberrechtlich geschützt. Jede Verwendung außerhalb der engen Grenzen des Urheberrechts ist ohne Zustimmung des Verlags unzulässig und strafbar. Das gilt insbesondere für Vervielfältigungen, Übersetzungen und für die Einspeicherung und Verarbeitung in elektronischen Systemen.

Pharmakologische Daten verändern sich ständig. Verlag und Autoren tragen dafür Sorge, dass alle gemachten Angaben dem derzeitigen Wissensstand entsprechen. Eine Haftung hierfür kann jedoch nicht übernommen werden. Es empfiehlt sich, die Angaben anhand des Beipackzettels und der entsprechenden Fachinformationen zu überprüfen. Aufgrund der Auswahl häufig angewendeter Arzneimittel besteht kein Anspruch auf Vollständigkeit.

Die Wiedergabe von Warenbezeichnungen, Handelsnamen und sonstigen Kennzeichen berechtigt nicht zu der Annahme, dass diese frei benutzt werden dürfen. Vielmehr kann es sich auch dann um eingetragene Warenzeichen oder sonstige geschützte Kennzeichen handeln, wenn sie nicht eigens als solche gekennzeichnet sind.

Es konnten nicht alle Rechtsinhaber von Abbildungen ermittelt werden. Sollte dem Verlag gegenüber der Nachweis der Rechtsinhaberschaft geführt werden, wird das branchenübliche Honorar nachträglich gezahlt.

Dieses Werk enthält Hinweise/Links zu externen Websites Dritter, auf deren Inhalt der Verlag keinen Einfluss hat und die der Haftung der jeweiligen Seitenanbieter oder -betreiber unterliegen. Zum Zeitpunkt der Verlinkung wurden die externen Websites auf mögliche Rechtsverstöße überprüft und dabei keine Rechtsverletzung festgestellt. Ohne konkrete Hinweise auf eine solche Rechtsverletzung ist eine permanente inhaltliche Kontrolle der verlinkten Seiten nicht zumutbar. Sollten jedoch Rechtsverletzungen bekannt werden, werden die betroffenen externen Links soweit möglich unverzüglich entfernt.

1. Auflage 2022

Alle Rechte vorbehalten
© W. Kohlhammer GmbH, Stuttgart
Gesamtherstellung: W. Kohlhammer GmbH, Stuttgart

Print:
ISBN 978-3-17-038432-3

E-Book-Formate:
pdf: ISBN 978-3-17-038433-0
epub: ISBN 978-3-17-038434-7

Inhalt

1	Einleitung		9
2	**Traumtheorien**		13
	2.1	Traum und Traumdeutung in der Menschheitsgeschichte	13
	2.2	Kulturelle Auffassungen zum Verständnis und zur Deutung von Träumen	14
	2.3	Der Traum bei Freud	15
		2.3.1 Freuds Methode der Traumdeutung am Beispiel vom »Traum von Irmas Injektion«	17
		2.3.2 Probleme und Weiterentwicklungen	20
	2.4	Die Entwicklung der psychoanalytischen Traumtheorien	22
		2.4.1 Ist der Traum sinnloser Schaum?	23
		2.4.2 Verschlüsselung oder Abbildung/Kommunikation?	23
		2.4.3 Wunscherfüllung oder kreative Problemlösung?	24
		2.4.4 Neuere psychoanalytische Traumtheorien	25
		2.4.5 Aufwertung des manifesten Trauminhalts	27
		2.4.6 Der Traum als Darstellung (und Wiederherstellung) des Selbst	28
		2.4.7 Theoretischer Pluralismus	29
	2.5	Jungs Theorie des Traums und der Traumdeutung	30
	2.6	Konvergenz freudianischer und jungianischer Traumtheorie	34
	2.7	Psychotherapeutisches Arbeiten mit Träumen in anderen Therapieschulen	35
3	**Die empirische Traumforschung**		39
	3.1	REM-Schlaf ist wichtig für den Organismus	39
	3.2	Aktivierungs-Synthese-Theorie	41
	3.3	Träume sind keine Schäume	41
	3.4	Kontinuität zwischen Wachen und Träumen	43
	3.5	Sinnvolle Zusammenhänge zwischen Wachleben und Trauminhalt	44
	3.6	Die Funktion von Träumen	45
		3.6.1 Gedächtniskonsolidierung	46
		3.6.2 Emotionsregulation	46
		3.6.3 Threat Simulation Theory (TST)	48
		3.6.4 Förderung von Einsicht	48
		3.6.5 Problemlösen	49

| | | 3.6.6 | Träumen und Kreativität | 49 |
| | | 3.6.7 | Zusammenfassung: eine aktuelle Theorie der Funktion von Träumen | 50 |

	3.7	Die empirische Untersuchung des Inhalts von Träumen	52
		3.7.1 Traumbasierte Persönlichkeitsdiagnostik	54
		3.7.2 Muster in den Träumen einer Nacht	55
		3.7.3 Welche Rolle spielt der Tagesrest?	56
	3.8	Empirische Studien über die Wirkung der Arbeit mit Träumen in der Psychotherapie: Das Modell der Traumarbeit von Clara Hill	57

4	**Zwischenbilanz: Was bedeuten diese empirischen Erkenntnisse für die psychoanalytischen Traumtheorien?**		**61**
	4.1	Träume haben eine psychologische Bedeutung	61
	4.2	Träumen dient der psychischen Selbstregulation	62

5	**Psychoanalytische klinische Traumforschung**	**65**
	5.1 Die Untersuchung von Traumserien und Traumprozessen in Psychotherapien	67
	5.2 Exemplarische Darstellung der psychoanalytischen klinischen Traumforschung am Fall Amalie X	71

6	**Die Methodik der Strukturalen Traumanalyse**		**73**
	6.1	Grundsätzliche Probleme der wissenschaftlichen Untersuchung des Inhalts von Träumen	73
	6.2	Exkurs: Geträumter, erinnerter und erzählter Traum	75
	6.3	Eine strukturalistische Betrachtungsweise	76
	6.4	Strukturale Traumanalyse	77
	6.5	Exemplarische Analyse einer Traumserie aus einer analytischen Psychotherapie	81
		6.5.1 Zusammenfassung der Ergebnisse und Interpretation der Traumserie	87
		6.5.2 Ergebnisse der Strukturalen Traumanalyse im Vergleich mit der Psychodynamik des Träumers und dem Psychotherapieverlauf	90
	6.6	Fallübergreifende Analyse und Systematik von Traumtypen	91
		6.6.1 Veränderungsmuster in der Struktur der Träume über den Verlauf der Therapie	94
		6.6.2 Traumtypen spiegeln die psychologischen Probleme des Träumers	97
		6.6.3 Fazit der Analyse	99
	6.7	Zusammenfassung: hypothetisches theoretisches Modell	101
	6.8	Überprüfung der Hypothese am Fall Amalie X	102
	6.9	Bezüge zu Ergebnissen aus der empirischen und klinischen Traumforschung	104

7	Fazit: Inwiefern unterstützt bzw. widerlegt die empirische und klinische Traumforschung psychoanalytische Traumtheorien?	107
7.1	Eher Selbstdarstellung als Verhüllung	108
7.2	»Hüter des Schlafes« oder kreativer Problemlöser?	110
7.3	Wunscherfüllungstheorie	111
7.4	Kompensiert der Traum?	112
7.5	Traumdeutung als Hermeneutik	113
7.6	Auf dem Wege zu einer forschungsinformierten Theorie des Traumes	114

8	Ausblick	117

Literatur		119

1 Einleitung

Das Phänomen Traum ist praktisch allen Menschen bekannt, auch wenn die einen ihre Träume besser erinnern können, die anderen weniger oder kaum. Die Träume und ihre Bedeutung haben Menschen schon immer beschäftigt und auch heutigen Menschen erscheinen sie oftmals seltsam bedeutungsvoll. In früheren Zeiten wurden sie gar als Sprache Gottes bzw. der Götter verstanden.

Erst im Moment des Erwachens realisieren wir mitunter, dass wir uns gerade noch in einer »anderen Welt« befunden haben, diese sich relativ rasch zurückzieht und kaum noch erinnerbar ist. Manchmal sind die Ähnlichkeiten der beiden Welten stärker, manchmal schwächer. Diese Unfassbarkeit und die Rätselhaftigkeit dieses Prozesses wurden eindrücklich in der linguistischen Bedeutung des Wortes *Traum* festgehalten: Das germanische *draugma*, aus der indogermanischen Wortgruppe *dreugh-* (trügen), bedeutet *Trugbild* (Strauch & Meier, 2004). Träumen kann uns das Gefühl vermitteln, dass da jenseits unserer Vernunft noch andere Dinge, eine andere Welt bestehen, die uns »unsere Schulweisheit nicht träumen lässt«.

Verschiedene Wissenschaftsbereiche haben sich mit dem Phänomen Traum beschäftigt: Psychoanalyse, Psychotherapie, Psychologie, Erfahrungswissenschaft des Bewusstseins, Neurowissenschaften, Sozial- und Geisteswissenschaften, Kunst- und Kulturwissenschaften. Die Auffassungen sind dabei durchaus kontrovers und es gibt bisher keine allgemein akzeptierte Definition des Träumens (Windt, 2015). Hier seien stellvertretend drei bewusst sehr unterschiedliche Erklärungsversuche erwähnt, ohne zunächst näher auf die einzelnen Theorieansätze einzugehen.

Für den Begründer der modernen Psychoanalyse Freud ist der Traum ein störender Rest psychischer Aktivität aus dem Wachleben und »eine besondere *Form* unseres Denkens, die durch die Bedingungen des Schlafzustandes ermöglicht wird. Die *Traumarbeit* ist es, die diese Form herstellt, und sie allein ist das Wesentliche am Traum, die Erklärung seiner Besonderheit« (Freud, 1900, S. 510f.; Hervorh. im Original). Für den britischen Psychoanalytiker Bion (1962; vgl. auch Berner 2018a) ist Träumen ein Prozess, der im Schlaf und auch im Wachzustand stattfindet (Bewusstsein und Unbewusstes funktionieren simultan), identisch ist mit unbewusstem (Wach-)Denken und die Voraussetzung für das Funktionieren der Psyche darstellt. Als Grundlage aller psychischen Arbeit gewährleistet der Traum die Umwandlung der Sinnes- und Gefühlswahrnehmungen zu Erfahrung, ermöglicht bewusste Erinnerungs-, Denk- und Lernprozesse und somit die Persönlichkeitsentwicklung (Angeloch, 2020). Für den Neuropsychologen und Psychoanalytiker Solms (2011, S. 540) ist Träumen »(1) a state of consciousness, characterized by (2) reduced constraints and controls on (3) memory and perceptual imagery with (4) motivational incentive and emotional salience. The occurrence of this hallucinatory mental state during normal sleep probably requires no further explanation than that motivated behaviour is precluded during sleep«.

Die Definition eines zeitgenössischen Traumforschers klingt demgegenüber fast simpel: Träumen sei schlichtweg die psychische Aktivität während des Schlafes (Schredl, 2018).

Andererseits ist mittlerweile durch die empirische Traumforschung ein umfangreicher Fundus an Erkenntnissen über die Funktionsweise des Träumens sowie die Zusammenhänge zum Wachleben entstanden. Diese Erkenntnisse wurden unter anderem auch in der Entwicklung von Theorien zum Bewusstsein sowie der Philosophie des Geistes aufgenommen und hat zu sehr aufregenden Konzepten hinsichtlich des Funktionierens des menschlichen Geistes überhaupt geführt (Windt, 2015).

Ausgehend von Freuds epochalem Werk »Die Traumdeutung« (1900) hat die Deutung von bzw. Arbeit mit Träumen in der Psychoanalyse bis heute einen zentralen Stellenwert. Im Grunde wurde mit der Entwicklung der modernen Psychotherapie fast zeitgleich auch die therapeutische Arbeit mit Träumen etabliert. Allerdings haben sich die Auffassungen vom Traum und seiner Bedeutung sowie der Verwendung von Träumen in der Therapie im Laufe der Zeit als auch in verschiedenen psychoanalytischen Schulen gewandelt. Hinzu kommt, dass auch andere therapeutische Schulen, bis hin zur Verhaltenstherapie, mittlerweile Konzepte zur Arbeit mit Träumen in der Psychotherapie entwickelt haben. Zudem ist seit der Entdeckung des REM-Schlafes in der empirischen Traumforschung ein umfangreiches Korpus an Erkenntnissen entstanden, ebenso wie in der psychoanalytischen und nicht-psychoanalytischen klinischen Traumforschung. Diese Erkenntnisse können zu einer besseren Beurteilung verschiedener Auffassungen vom Traum, nicht nur in der Psychoanalyse, beitragen. Nach meinem Eindruck werden diese oftmals sehr interessanten Forschungsergebnisse, insbesondere aus der empirischen Traumforschung, nach wie vor in breiten Kreisen der Psychoanalyse sowie in der Psychotherapie und Psychologie im Allgemeinen ignoriert. Das ist meines Erachtens bedauerlich, weil sie interessante Aspekte zu einem Verständnis des Traumes und seiner Verwendung in der Psychotherapie liefern können und darüber hinaus Aussagen zur Gültigkeit verschiedener psychoanalytischer Traumtheorien ermöglichen. Das vorliegende Buch möchte die zentralen Fragestellungen, die seit Freud in Bezug auf den Traum diskutiert werden, mit den empirischen Forschungsergebnissen zusammenbringen, um damit zu einer Weiterentwicklung insbesondere psychoanalytischer Traumtheorien beizutragen.

Es werden zunächst verschiedene Auffassungen vom Traum und seiner Bedeutung sowie der klinischen Verwendung referiert. Die Darstellung bezieht sich dabei insbesondere auf Fragestellungen, die die Debatte innerhalb der Psychoanalyse seit Freuds Zeiten bestimmen sowie Fragestellungen aus der empirischen Traumforschung:

Was genau ist die Funktion von Träumen: Hütet der Traum den Schlaf oder produziert er vielmehr Lösungen für psychische Probleme des Wachlebens? Gibt es einen Unterschied zwischen latentem und manifestem Trauminhalt, d. h. entstellt der Traum die eigentlichen unbewussten Inhalte, oder deckt er sie vielmehr gerade auf? Ist der Traum insofern eine Verschlüsselung unbewusster Inhalte oder gerade eine umfassende Selbstabbildung des Unbewussten? Soll der Traum als eine Wunscherfüllung betrachtet werden oder kompensiert er eher die Einstellung des Bewusstseins? Braucht es die Assoziationen des Träumers oder stellt der Traum nicht schon als solcher psychologische Informationen über den Träumer bereit? Ja, hat der Traum überhaupt Bedeutung, wie die Psychoanalyse annimmt, oder ist er so etwas wie ein bedeutungsloser Leerlauf des Gehirns?

Es werden zunächst verschiedene theoretische Positionen zum Traum und zur Traumdeutung in der psychoanalytischen Literatur gesichtet, mit einem besonderen Fokus auf dem Vergleich zwischen Freuds und Jungs Auffassung vom Traum, weil diese beiden in Bezug auf die oben aufgeführten Fragestellungen besonders kontrastieren. Der Fokus dieser Darstellung liegt nicht darauf, eine erschöpfende Darstellung psychoanalytischer Traumtheorien sowie deren Entwicklung zu liefern (ausführliche Darstellungen hierzu bei Deserno, 1999; Moser, 2003; Bohleber, 2012; Vinocur Fischbein, 2011; Jiménez, 2012). Der Fokus liegt vielmehr auf den oben formulierten Fragestellungen, die die Debatte zu Traumtheorien innerhalb der Psychoanalyse seit über einem Jahrhundert durchziehen und zu denen die empirische und klinische Traumforschung Erkenntnisse beitragen kann, die im Folgenden berichtet werden. Auf dieser Basis wird versucht, Schlussfolgerungen bezüglich der Gültigkeit verschiedener Auffassungen vom Traum zu ziehen.

Es wird die These vertreten, dass sich die Traumdeutung in der Psychoanalyse, sowohl in theoretischen Konzepten als auch in der Praxis, von Freuds Konzeption weg entwickelt und dabei der von Jung vertretenen Auffassung angenähert hat. Dazu werden zum einen verschiedene theoretische Positionen zum Traum und zur Traumdeutung in der psychoanalytischen Literatur gesichtet. Ergänzt wird dies zum anderen durch Erkenntnisse aus der empirischen (nicht psychoanalytischen) Traumforschung, welche Jungs Auffassung deutlich unterstützt, wogegen zentrale Annahmen in Freuds Traumtheorie widerlegt oder zumindest kritisch betrachtet werden.

Vor einer Darstellung der Traumtheorien und Forschungsergebnisse ist es allerdings notwendig, die grundsätzlichen Unterschiede im Erkenntnisinteresse sowie in den Methoden der Erkenntnisgewinnung in der Psychoanalyse sowie in der Psychotherapie im Allgemeinen einerseits und der empirischen Forschung andererseits zu diskutieren.

Die Psychoanalyse entwickelt ihre Theorien über den Traum und seine Bedeutung mit dem Ziel, im Rahmen der Psychotherapie Träume des Klienten für die Bewusstmachung des Unbewussten zu nutzen; in diesem Sinne ist der Traum der Königsweg zum Unbewussten. Die Bedeutung des Traumes wird in einem dialogischen und hermeneutischen Prozess in der Beziehung zwischen Analytiker und Klient (re-)konstruiert. Das Ergebnis ist also immer (inter-)subjektive Bedeutung mit dem Ziel, therapeutische Veränderungen zu fördern, und nicht die Auffindung einer allgemeingültigen oder objektiven Bedeutung des Traumes, wenn dies denn überhaupt möglich sein sollte. Klinische Traumforschung, zumindest insofern sie innerhalb der Psychoanalyse stattfindet, zielt darauf ab, diese Prozesse der intersubjektiven Bedeutungsherstellung und ihre Effekte auf die Therapie empirisch nachzuzeichnen.

Die empirische Traumforschung dagegen, mit ihrem Anspruch als nomothetische Wissenschaft, zielt auf allgemeingültige und objektive Erkenntnisse über Gesetzmäßigkeiten des Traumes und seine Funktion für den menschlichen Organismus. Daher ist sie an einer subjektiven Bedeutung des Traumes für den Träumer gerade nicht interessiert. Hinzu kommt, dass die Psychoanalyse in ihrem grundlegenden theoretischen Modell bei der Entstehung des Traumes von den Wirkmechanismen eines dynamischen Unbewussten ausgeht, was impliziert, dass der Traum auch Bedeutungen enthält, die der Träumer eben nicht wissen kann und auch nicht wissen will. Die Arbeit mit dem Traum zielt gerade darauf ab, unbewusste Inhalte in diesem Sinne zugänglich zu machen. Von daher ist auch die Überprüfung der Korrektheit der Deutung – wenn man von einer solchen überhaupt sprechen kann – erkenntnistheoretisch zumindest komplex, wenn nicht problematisch. Da der eigentliche Kern der Bedeutung des Traumes dem Träumer ja unbewusst ist, kann er diesen nicht bestätigen. Eine Bestätigung aus Sicht der Psychoanalyse findet eher dadurch statt, dass emotionale Betroffenheit entsteht, dass in der Therapiesitzung oder in weiteren Träumen neues Material auftaucht und insbesondere dadurch, dass therapeutische Veränderung entsteht. Diese Dialektik der Bedeutungsfindung ist der nomothetisch orientierten Traumforschung nicht nur fremd, sondern wird von dieser explizit abgelehnt. Interessanterweise ist die empirische Traumforschung anfänglich mit dem Anspruch angetreten, nachzuweisen, dass die psychoanalytischen Auffassungen vom Traum, der Traum habe überhaupt Bedeutung, zu widerlegen ist. Insofern ist es umso verblüffender, dass die Ergebnisse eben dieser Forschung mittlerweile viele der ursprünglichen psychoanalytischen Annahmen zum Traum bestätigt haben oder diese zumindest unterstützen. Daher betrachte ich diese Ergebnisse als besonders interessant für die Psychoanalyse, und diese darzustellen ist das Ziel dieses Buches. In einem gewissen Sinne könnte man sogar sagen, die Psychoanalyse hat mit ihren Annahmen gegenüber den anfänglichen Zielen der empirischen Traumforschung einerseits letztlich einen Sieg davongetragen. Andererseits macht aber auch die Psychoanalyse durchaus Aussagen mit Allgemeingültigkeitsanspruch, z. B. was die Funktion des Träumens für den Organismus sei, und diese lassen sich durchaus anhand empirischer Forschungsergebnisse überprüfen. Meines Erachtens hat die Psychoanalyse im Allgemeinen bislang die Auseinandersetzung mit der empirischen Traumforschung gescheut, was schade ist, weil hier tatsächlich sehr interessante Ergebnisse produziert wurden, die auch eine Prüfung verschiedener psychoanalytischer Traumtheorien zulassen. Ich halte es für sehr wichtig, dass die Psychoanalyse ihre theoretischen Konzepte nicht mit einem Wall von Immunisierungsstrategien umgibt, da diese Konzepte, auch wenn sie letztlich der intersubjektiven Bedeutungsfindung im Rahmen der Psychotherapie dienen sollen, durchaus Geltungsansprüche von nomothetischem Charakter haben – und das impliziert, dass man sich auch einer Überprüfung stellen muss. Das vorliegende Buch möchte hierzu einen Beitrag leisten.

2 Traumtheorien

2.1 Traum und Traumdeutung in der Menschheitsgeschichte

Träume und ihre Bedeutung haben die Menschheit schon immer beschäftigt (Barrett & McNamara 2007b). Zu den ältesten erhaltenen Schriften der Menschheit zählen Anleitungen zur Traumdeutung oder regelrechte Traumdeutungsbücher, z. B. der Beatty Papyrus (Ägypten um 1800 v. Chr.) oder das Traumdeutungsbuch des Artemidoros v. Daldis, ca. 500 v. Chr. Im Gilgamesch Epos (ca. 1200 v. Chr.), einer der ältesten aufgezeichneten Geschichte der Menschheit, steht ein Traum und seine Bedeutung ebenfalls an zentraler Stelle und bestimmt das weitere Schicksal des Helden. Bulkeley (2007, 2008) argumentiert sogar, dass Religionen ohne Träume und ihre Deutung an zentraler Stelle gar nicht denkbar seien. Religion nehme ihren Ausgang vom Phänomen des Traumes, der als eine Mitteilung göttlicher oder jenseitiger Mächte verstanden wird, und ihrer Deutung.

In den ältesten Ansätzen war die ursprüngliche Auffassung zur Bedeutung von Träumen, dass sie Mitteilungen der Götter an Fürsten darstellen und Hinweise auf die Zukunft geben. Im antiken Griechenland und auch im hebräischen Talmud kommt erstmals die Idee auf, dass Träume unterdrückte Regungen enthalten und im Zusammenhang mit den aktuellen Lebensumständen des Träumers stehen (Kramer & Glucksman, 2015). Dies wird auch im Koran betont (Bulkeley 2008): Es gäbe keine universell passenden Trauminterpretationen, man müsse den Inhalt des Traumes in Verhältnis zur Persönlichkeit und den Lebensumständen des Träumers setzen. Schon die Sumerer sowie der antike Arzt Hippokrates nahmen an, dass Träume wichtige Informationen beinhalten, die für die Diagnostik medizinischer Probleme genutzt werden können. Im antiken Griechenland gab es die Tradition der Trauminkubation. Dabei verbrachte man bei gesundheitlichen Problemen, wenn man medizinischen Rat und Behandlung suchte, eine Nacht im Tempel des Gottes der Heilkunst, Asklepios., Dort schlief und träumte man und am nächsten Morgen erzählte man den Priestern des Tempels diesen Traum, aus dem diese dann Hinweise auf die Diagnostik der Erkrankung sowie deren Behandlung zogen (Bulkeley, 2008). Faszinierenderweise lebt diese Tradition der Trauminkubation an manchen Orten bis heute fort, so zum Beispiel auf der griechischen Insel Naxos sowie in anderen Zentren der orthodoxen Christenheit, wie in Theben oder Bulgarien, wo Patienten in Kirchen schlafen und dabei auf ihre Träume achten. Auch im Koran wird eine Praxis beschrieben, genannt Istikhara, die aus Gebeten und bestimmten Praktiken besteht, die man vor dem Schlaf absolviert, um einsichtsfördernde Träume zu fördern oder hervorzurufen (Bulkeley, 2008). Auch diese Praxis findet ihre Fortsetzung in modernen islamischen Ländern. Beispielsweise bieten im Iran populäre Zeitschriften Kolumnen an, in denen die Leser seltsame Träume einsenden können, die dann von muslimischen Psychiatern mit kurzen Interpretationen und praktischen Hinweisen versehen werden.

Im Europa der Neuzeit dagegen wurde erstmals infrage gestellt, ob Träume überhaupt eine Bedeutung enthalten, und angenommen, dass sie eher eine Art Leerlauf des Gehirns darstellen. Diese Auffassung verbreitete sich im 19. Jahrhundert und die entsprechende wissenschaftliche Debatte erhielt eigentlich erst durch Freuds Veröffentlichung »Die Traumdeutung« im Jahr 1900 eine neue Wende.

In zeitgenössischen Theorien des Traums ist es weitgehend akzeptiert, dass Träume Bedeutungen tragen und diese eng verknüpft sind mit dem Wachleben des Träumers und dass Traumdeutung eine hilfreiche und effektive Methode bei psychotherapeutischen Interventionen darstellt (Hill, 1996). DeCicco, Donati und Pini (2012) geben einen aktuellen Überblick über Studien, die die Wirksamkeit von therapeutischer Arbeit mit Träumen im Rahmen der Psychotherapie untersuchen. Außerdem zeigen sie unterschiedliche therapeutische Methoden der Traumdeutung auf, darunter ihre eigene *Storytelling Method of Dream Interpretation* als ein Beispiel für eine in jüngerer Zeit entwickelte Methode.

Die Psychoanalyse beginnt gewissermaßen mit der Traumdeutung (Freud, 1900) und immer noch wird die therapeutische Arbeit mit Träumen in den psychoanalytischen Schulen als der Königsweg zum Unbewussten betrachtet (Fosshage, 1987; Fonagy, Kächele, Leuzinger-Bohleber & Taylor, 2012).

2.2 Kulturelle Auffassungen zum Verständnis und zur Deutung von Träumen

Hamburger (2013) berichtet über eine vergleichende Studie der Ethnopsychologie, in der weltweit 221 Ethnien auf fünf Kontinenten hinsichtlich ihrer Auffassung zum Traum und zum Umgang mit den Träumen untersucht wurden. Weltweit geht die Mehrzahl indigener Kulturen davon aus, dass das Traumleben eine Wirklichkeit abbildet, die mit anderen Menschen geteilt wird und auch eine Verbindung zu den Vorfahren darstellt.

Lohmann (2007) bietet auf der Basis ethnografischer Forschung eine Liste von Typen kultureller Traumtheorien:

1. Nonsenstheorie: Interessanterweise gibt es auch bei traditionellen Völkern die Vorstellung, dass Träume nichts bedeuten, sondern sozusagen sinnloser Leerlauf des Gehirns sind.
2. Träume als die wahre Wirklichkeit: Manche Völker, wie der südamerikanische Indianerstamm der Jivaro, gehen davon aus, dass Träume eine stärkere Wirk-

lichkeit darstellen als die Welt des Wachbewusstseins; letzteres wird eher als eine Illusion betrachtet.
3. Nachrichtentheorie: Diese sehr weit verbreitete Theorie nimmt an, dass Träume Mitteilungen vom Träumer selbst an andere oder von anderen an den Träumer darstellen, insbesondere von verstorbenen Ahnen, Geistern oder Gottheiten.
4. Generative Theorien: Dieser Typ von Theorien nimmt an, dass Träume nicht nur einfach die Zukunft voraussagen, sondern sogar die Manifestation zukünftiger Ereignisse bedingen oder zumindest dazu beitragen.
5. Visitations-Theorien: Hier wird angenommen, dass der Träumer während des Traums von spirituellen Wesenheiten besucht wird. Diese Theorien können sich auch mit anderen, bereits genannten Theorietypen überlappen.

Eine große Zahl von Ethnien folgt in ihrem Verständnis der Träume der unten dargestellten Auffassung Jungs. Hollan (2003) beschreibt, was er *selfscape dreams* nennt, d. h. Träume, die eine Karte der inneren Landschaft, eine Beschreibung des aktuellen Selbst darstellen:

»To summarize briefly, selfscape dreams involve complex, developmentally sensitive imaginal, emotional, and cognitive processes that reflect back to the dreamer how his or her current organization of self relates various parts of itself to itself, its body, and to other people and objects in the world« (Hollan, 2003, S. 65).

In einem Vergleich von Träumen von Personen aus den USA und Indonesien fand er nicht nur, dass sich der Inhalt der Träume ähnelte (sie handelten von Konflikten des Selbst mit anderen und ihrer persönlichen Lebenssituation), Individuen aus beiden Kulturen interpretierten ihre Träume auch als eben dies: eine Darstellung ihrer aktuellen Lebenssituation. In vergleichbarer Weise fand Mageo (2003) eine hohe Übereinstimmung zwischen verschiedenen Kulturen hinsichtlich ihres Verständnisses von Träumen, dass diese nämlich das bewusste Ich mit ungelösten Themen oder konflikthaften Anteilen konfrontieren, die noch nicht ins Ganze der Persönlichkeit integriert sind: »Westerners are not alone in alienating an affective and embodied self. Cultures tend to highlight either subjectivity or sociality, and to associate the other with body and emotion« (Mageo, 2003, S. 37).

2.3 Der Traum bei Freud

Man muss sich klarmachen, dass Freud seine »Traumdeutung« (1900) zu einem Zeitpunkt veröffentlichte, als man sich in der europäischen Geistesgeschichte im Zuge der Aufklärung weitgehend einig war, dass Träume nicht, wie es in der Antike und im Mittelalter immer angenommen wurde, bedeutungsvoll sind, also z. B. Mitteilungen Gottes/der Götter an den Träumer darstellen, sondern zufällig zustande kommen, so etwas wie Leerlauf des Gehirns darstellen und insofern bedeutungslos sind. Vor diesem Hintergrund gebührt Freud der Verdienst, nicht nur den Traum als bedeutungstragend rehabilitiert zu haben, sondern darüber hinaus eine kohärente wissenschaftliche Theorie erstellt zu haben, wie Träume zustande kommen, welche Funktion sie für den Träumer übernehmen und eine systematische klinische Methodik entwickelt zu haben, wie im Kontext der Psychotherapie Träume gedeutet werden können.

Für Freud (1933) erfüllt der Traum im Grunde eine doppelte Funktion: »Er ist einerseits Ich-gerecht, indem er durch die Erledigung der schlafstörenden Reize dem Schlafwunsch dient, andererseits gestattet er einer verdrängten Triebregung die unter diesen Verhältnissen mögliche Befriedigung in der Form einer halluzinierten Wunscherfüllung« (Freud, 1933, S. 19). Da im Schlaf aufkommende verdrängte Triebregungen, weil für das Ich bedrohlich, den Schlaf stören könnten, werden sie im Zuge einer Zensur durch die Traumarbeit (Verdichtung, Verschiebung, Verbildlichung, Symbolisierung) in den nicht mehr bedrohlichen manifesten Trauminhalt umgewandelt. Diese Mechanismen der Traumarbeit funktionieren gemäß primärprozesshafter Arbeitsweise. Auf diese Weise gilt: »Der Traum ist der Hüter des Schlafes« (Freud, 1913, S. 398). Der Traum ist eine Wunscherfüllung, er versucht, die Schlafstörung durch eine halluzinatorische Wunschbefriedigung zu beseitigen. Freud nimmt an, dass die entsprechenden Wünsche durch tagesaktuelle Ereignisse angeregt wurden, allerdings sieht er nur solche Ereignisse als stark genug an, einen Traum hervorzubringen, wenn sie gleichzeitig unbewusste Wünsche bzw. unbefriedigte Bedürfnisse wecken bzw. sich mit diesen verknüpfen. Dies sind nach Freud vor allem die aus dem Es hervorkommenden Wünsche und Triebregungen. Die auslösenden tagesaktuellen Ereignisse werden dann als Tagesrest bezeichnet. Da nach diesem Verständnis die Träume die tiefen unbewussten Wünsche und Triebregungen enthalten – wenn auch in entstellter Form – wird die Traumdeutung als der Königsweg zum Unbewussten bezeichnet.

Primärprozess und Traumarbeit

Freud geht davon aus, dass die menschliche Psyche zwei distinkte Vorgänge enthält: den Primär- und den Sekundärvorgang. Der Primärvorgang umfasst die unbewussten Prozesse unseres Seelenlebens. Im Traum produziert er die Erlebnisinhalte und greift dabei auf unbewusste Wünsche zurück. Im Wachleben wird dieser durch den Sekundärvorgang gehemmt. Unter Sekundärvorgang versteht Freud die Vorgänge, die zwischen Vorbewusstem und Bewusstsein vermitteln. Darunter fallen nach Freud auch die Ich-Funktionen, d. h. Kognition, Aufmerksamkeit, kontrollierte Handlungen und Urteilsvermögen. Da im Schlaf der Sekundärvorgang reduziert ist, wird der Primärvorgang entsprechend weniger gehemmt. Daher können im Traum über den Primärvorgang Wünsche aus dem Unbewussten in das Bewusstsein aufsteigen. Diese werden dann halluzinatorisch als Traum sichtbar. Da diese Wünsche jedoch zu erschreckend für das Bewusstsein sind und den Träumenden aufwecken könnten, müssen diese vom Sekundärvorgang unkenntlich gemacht werden.

> Der Sekundärvorgang funktioniert im Traum wie ein Zensor, der den ursprünglichen Trauminhalt verschleiert, um den Schlaf zu schützen.
>
> Unter dem Begriff der Traumarbeit fasst Freud die verschiedenen Mechanismen zusammen, mit denen im Traum die unbewussten Wünsche unkenntlich gemacht werden. Zu diesen Mechanismen zählen *Verdichtung* (das Kondensieren von verschiedenen Ideen und Bildern zu einem), *Verschiebung* (ein potenziell erschreckendes Bild wird durch ein ähnliches aber weniger erschreckendes Bild ersetzt), *Verbildlichung* (Gedanken werden in visuelle Inhalte übersetzt) und *Symbolisierung* (ein neutrales Objekt repräsentiert ein sexuelles oder eines, welches damit in Verbindung steht). Durch diese vier genannten Mechanismen werden die aufsteigenden Wünsche, zusammen mit dem Tagesrest und Kindheitserinnerungen, komprimiert zu einem Traum zusammengefasst.

Für die Methodik der Traumdeutung bedeutet dies, dass ausgehend vom manifesten Trauminhalt der Weg zurück zu den latenten Trauminhalten gefunden werden muss. In seinen »Vorlesungen zur Einführung in die Psychoanalyse« (Freud, 1916, S. 112) stellt er hierzu drei Regeln auf:

1. »Man kümmere sich nicht um das, was der Traum zu besagen scheint, sei er vollständig oder absurd, klar oder verworren, da es doch auf keinen Fall das von uns gesuchte Unbewußte ist [...]
2. Man beschränke die Arbeit darauf, zu jedem Element die Ersatzvorstellung zu erwecken, denke nicht über sie nach, prüfe sie nicht, ob sie etwas Passendes enthalten, kümmere sich nicht darum, wie weit sie vom Traumelement abführen;
3. Man warte ab, bis sich das verborgene, gesuchte Unbewußte von selbst einstellt, [...]«

Freud betont, dass nur über die Assoziationen des Träumers wieder von diesem manifesten Oberflächeninhalt des Traumes der Weg zurück zu den eigentlichen latenten Trauminhalten möglich ist.

2.3.1 Freuds Methode der Traumdeutung am Beispiel vom »Traum von Irmas Injektion«

Freud exemplifiziert seine Methode an zentraler Stelle in der »Traumdeutung« an einem Traumbeispiel, das mittlerweile in der Geschichte der Psychoanalyse einen historischen Stellenwert erlangt hat. Zur Einleitung diskutiert Freud die Problematik, dass er aufgrund seiner ärztlichen Verschwiegenheitspflicht nicht einfach Träume seiner Patienten in einer Publikation ausbreiten und analysieren könne, weswegen er den Schritt geht, einen seiner eigenen Träume seiner Traumdeutungsmethode zu unterziehen. Dieser »Traum von Irmas Injektion« datiert vom 24. Juli 1895. Er selbst betrachtet diese Interpretation als besonders gelungen.

2 Traumtheorien

Der Traum bezieht sich auf eine Patientin Freuds, die zugleich eine enge Freundin der Familie war. Irma, so ihr Deckname, hatte sich ursprünglich an Freud wegen ihrer hysterischen Angst gewandt. Die Analyse war bis zu diesem Zeitpunkt teilweise erfolgreich, die Hauptsymptomatik war verloren gegangen, aber gewisse körperliche Symptome bestanden nach wie vor. Freud schlägt ihr, eher untypisch für die analytische Vorgehensweise, eine Lösung vor, die für Irma aber nicht infrage kommt. Durch die Ferien wird die Behandlung unterbrochen. Ein mit Freud befreundeter Arzt trifft die Patientin im Urlaub und erfährt, dass es ihr zwar besser, aber nicht richtig gut gehe, was er Freud berichtet. Dies macht Freud unzufrieden, er tut aber die damit verbundenen Gefühle beiseite. Am Abend vor dem Traum bemüht er sich, die bisherige Anamnese und den Verlauf der Therapie aufzuschreiben, um sie an einen Kollegen weiterzugeben. Dann träumt Freud den besagten Traum:

> »Eine große Halle – viele Gäste, die wir empfangen. – Unter ihnen Irma, die ich sofort beiseite nehme, um gleichsam ihren Brief zu beantworten, ihr Vorwürfe zu machen, dass sie die Lösung noch nicht akzeptiert. Ich sage ihr: wenn Du noch Schmerzen hast, so ist es wirklich nur deine Schuld. – Sie antwortet: wenn du wüsstest, was ich für Schmerzen jetzt habe im Hals, Magen und Leib, das schnürt mich zusammen. – Ich erschrecke und sehe sie an. Sie sieht bleich und gedunsen aus; ich denke, am Ende übersehe ich da doch etwas Organisches. Ich nehme sie zum Fenster und schaue ihr in den Hals. Dabei zeigt sie etwas Sträuben wie die Frauen, die ein künstliches Gebiss tragen. Ich denke mir, sie hat es doch nicht nötig. – Der Mund geht dann auch gut auf, und ich finde rechts einen großen weißen Fleck, und anderwärts sehe ich an den merkwürdigen krausen Gebilden, die offenbar den Nasenmuscheln nachgebildet sind, ausgedehnte weißgraue Schorfe. – Ich rufe schnell Dr. M. hinzu, der die Untersuchung wiederholt und bestätigt ... Dr. M. sieht ganz anders aus als sonst; er ist sehr bleich, hinkt, ist am Kinn bartlos ... Mein Freund Otto steht jetzt auch neben ihr, und Freund Leopold perkutiert sie über dem Leibchen und sagt: Sie hat eine Dämpfung links unten, weist auch auf eine infiltrierte Hautpartie an der linken Schulter hin (was ich trotz des Kleides wie er spüre) ... M. sagt: Kein Zweifel, es ist eine Infektion, aber es macht nichts; es wird noch Dysenterie hinzukommen und das Gift sich ausscheiden ... wir wissen auch unmittelbar, woher die Infektion rührt. Freund Otto hat ihr unlängst, als sie sich unwohl fühlte, eine Injektion gegeben mit einem Propylpräparat, Propylen ... Propionsäure ... Trimethylamin (dessen Formel ich fett gedruckt vor mir sehe) ... man macht solche Injektionen nicht so leichtfertig ... wahrscheinlich war auch die Spritze nicht rein.« (1900, S. 112)

Diesen Traum unterzieht Freud nun seiner eigenen Methode, indem er seine eigenen Assoziationen zu den einzelnen Abschnitten des Traumtextes sammelt. Dabei wird klar, dass im Mittelpunkt der Geschehnisse der Umgang mit der unbefriedigenden Behandlung der Patientin steht und wie sich dies erklären lässt bzw. wer daran Schuld trägt: Zunächst beschuldigt Freud die Patientin selbst, weil sie die Lösung nicht akzeptiert habe, außerdem sei er nicht für die körperliche Seite ihrer Erkrankung zuständig. Auch die anderen Beteiligten treffen Beschuldigungen, Infektion sei eine lachhafte Diagnose, das gespritzte Präparat sei sinnlos und außerdem die Spritze verunreinigt. Bei dieser Sammlung von Assoziationen wird Freud als dem Träumer klar, dass sein zentrales Anliegen ist, dass nur ja keine Schuld bei ihm liege. Das führt ihn zu seiner zentralen These: »Der Traum stellt einen gewissen Sachverhalt so dar, wie ich ihn sehen möchte; sein Inhalt ist also eine Wunscherfüllung, sein Motiv ein Wunsch« (Freud, 1900,

S. 123). Der zentrale Wunsch im hier vorgestellten Fall ist, so Freud selbst: »Sorge um die Gesundheit, eigene und fremde, ärztliche Gewissenhaftigkeit« (S. 125).

Die Mechanismen der Traumarbeit: Bei der Sammlung seiner Assoziationen zu dem Traum fällt Freud auf, dass sich hinter dem doch relativ überschaubaren Traumtext eine ganze Fülle an Verbindungen zu Erinnerungen, Erfahrungen, Beziehungen, Verdrängtem usw. verbirgt, die im Traum auf relativ kleinem Raum zusammengeführt wird, was Freud als *Verdichtung* bezeichnet. Damit ist gemeint, dass in einem Element des Traumes möglicherweise mehrere Stränge von Erfahrungen, Erinnerungen usw. zusammengefasst sind, die aber erst durch die Assoziationen wieder auseinander differenziert werden können. Ein weiteres Prozessmerkmal, dass Freud bei seiner Analyse des Traumes beschreibt, nennt er *Verschiebung*. Damit ist gemeint, dass bestimmte Elemente des im Traum enthaltenen wahren Wunsches oder Traumgedankens durch andere Elemente aus dem Wachleben des Träumers ersetzt werden. Der Träumer soll dadurch quasi von den eigentlichen, aber bedrohlichen Trauminhalten abgelenkt werden und auf andere Gedanken kommen, der thematische Schwerpunkt wird sozusagen verschoben.

Die generelle Idee bei Freud ist, dass Träumen für die Psyche ein Stück Arbeit leistet, die sogenannte Traumarbeit, wobei nämlich die für das Bewusstsein potenziell gefährlichen Inhalte, die unbewussten Traumgedanken, in etwas anderes verwandelt werden, was das Bewusstsein nicht bedroht. Als Ergebnis dieser Traumarbeit erscheint der *manifeste* Trauminhalt, d. h. der Traum so wie wir ihn erleben. Die eigentlich dahinterstehenden unbewussten Traumgedanken und unbewussten Wünsche, die, weil abgewehrt, nicht ins Bewusstsein geraten sollen, stellen den *latenten* Trauminhalt dar. Die Traumarbeit leistet die Umwandlung vom latenten in den manifesten Inhalt, und dient auf diese Weise dem Schutze des Ichs im Schlafe, weil dieses sonst durch die Konfrontation mit den unverstellten Inhalten gewissermaßen erschrecken und dann aufwachen würde. Daher gilt: »der Traum ist der Wächter des Schlafes« (Freud, 1900, S. 239). Das Ziel der Traumdeutung ist es, diese Prozesse der Traumarbeit, d. h. der Umwandlung des eigentlichen latenten Inhaltes in den manifesten, wieder rückgängig zu machen, um auf diesem Wege die unbewussten Gedanken und Wünsche zugänglich zu machen.

Nach Freud wird also durch die Traumarbeit der eigentliche Inhalt des Traumes entstellt oder maskiert. Dies geschieht deshalb, weil auch die Zensur im Traum die psychische Energie, die in den unbewussten Wünschen enthalten ist, nicht gänzlich eliminieren kann, aber sie kann sie zumindest in ungefährlich erscheinende Inhalte umwandeln. Diesem Zwecke dient auch ein weiteres Element der Traumarbeit, die *Symbolisierung*, bei der die latenten Traumgedanken in eine Bildsprache übersetzt werden. Im vorliegenden Traumbeispiel wäre das Dr. M. mit seiner Spritze, die einen möglichen Behandlungsfehler des Träumers verdecken soll, eventuell sogar ein sexuelles Begehren. Das im Traum auftauchende Symbol hat also einerseits eine entstellte Funktion, weil es ja den latenten Trauminhalt verbergen soll, andererseits steht es in einem bildhaften oder sprachlichen, also im weitesten Sinne symbolischen Zusammenhang mit dem Inhalt, den es ersetzt. Hier zeigt sich eine gewisse Unklarheit bzw. Inkonsequenz in Freuds Konzeption. Auf der einen Seite betont Freud die Problematik von einer Eins-zu-eins-Setzung »zwischen dem Symbol und dem eigentlichen, für welches es eintritt« (Freud, 1900, S. 356). Auf der anderen Seite führt er an anderer Stelle aber einen ganzen Katalog solcher Eins-zu-eins-Setzungen, so genannter *gesicherter* Traumsymbole, an. So argumentiert Freud beispielsweise, es gebe so gut wie kein Symbol, das nicht in der Lage wäre, sexuelle Fakten und Wünsche zu repräsentieren, und führt dann weiter aus: Alle verlängerten Objekte (Stöcke, Baumstämme, Regenschirme, lange scharfe Waffen, Nagelfeilen, Pistolen, Krawatten) ständen für das männliche Geschlechtsorgan, während Schachteln, Kisten, Schränke, Kommoden, Höhlen usw. für den Uterus ständen. Räume in Träumen seien gewöhnlich Frauen, und wenn man im Traum durch eine Reihe von Räumen ginge, sei dies deshalb ein Bordell oder Harem. Dies erscheint nicht nur aus Sicht einer zeitgenössischen Symboltheorie als eine etwas simple Gleichsetzung.

Schließlich nimmt Freud noch an, dass der Traum kurz vor dem Erwachen vom Bewusstsein überprüft wird und hier einer sogenannten sekundären Bearbeitung unterzogen wird, d. h. es wird aus möglicherweise disparaten Traumelementen eine schlüssigere Komposition erstellt, die der »Rücksicht auf Verständlichkeit« (Freud, 1900, S. 279) geschuldet sei. Zu dem Ergebnis resümiert Freud:

> »Traumgedanken und Trauminhalt liegen vor uns wie zwei Darstellungen des selben Inhaltes in zwei verschiedenen Sprachen, oder besser gesagt, der Trauminhalt erscheint uns als eine Übertragung der Traumgedanken in eine andere Ausdrucksweise. Der Trauminhalt ist gleichsam in einer Bilderschrift gegeben, deren Zeichen einzeln in die Sprache der Traumgedanken zu übertragen sind. Man würde offenbar in die Irre geführt, wenn man diese Zeichen nach ihrem Bilderwert anstatt nach ihrer Zeichen Beziehung lesen wollte« (S. 284).

2.3.2 Probleme und Weiterentwicklungen

Schon für Freud war es schwierig, mit dieser Theorie das Auftreten von posttraumatischen Albträumen zu erklären, bei denen das traumatische Ereignis praktisch unverzerrt im Traum wiederholt wird, verbunden mit großer Angst und Leiden für den Träumenden, und nicht selten wacht dieser infolge des Traums auf – der Traum kann hier also seine Funktion als Hüter des Schlafes nicht erfüllen. Trotz großer theoretischer Bemühungen blieb ihm letztlich nichts anderes, als den posttraumatischen Traum als ein dunkles und düsteres Thema zu bezeichnen.

Diese Formulierung von Freuds Theorie entspricht weitestgehend der in der »Traumdeutung« (1900) vertretenen Auffassung. Man muss allerdings beachten, dass sich Freud im Verlaufe seines Werkes immer wieder mit dem Verständnis des Traumes befasst und die Theorie sich weiterentwickelt hat (für eine Übersicht über die theoretischen Entwicklungen bei Freud siehe Vinocur Fischbein, 2011). So verweisen Binswanger und Wittmann (2019) darauf, dass Freud in seiner Arbeit »Abriss der Psychoanalyse« (1938) die Theorie aus der Traumdeutung überarbeitet und mit seinem zwischenzeitlich entwickelten Strukturmodell versucht hat, in Einklang zu bringen. Zwar erhält er die oben beschriebenen Elemente bei, fügt allerdings eine zweite Ebene der Bearbeitung durch das bewusste

Ich hinzu, bei der die konfusen und potentiell erschreckenden Inhalte des latenten Traumgedankens in ein Plot überführt werden, das mehr Sinn ergibt und somit den Anforderungen des Sekundärprozesses genügt.

1900 stand für Freud noch die Wächterfunktion für den Schlaf sowie die Erfüllung unbewusster Wünsche im Vordergrund. Im Laufe der Zeit entwickelte sich dies hin zu einer Betrachtungsweise, in der der Traum als ein bedeutungsvoller psychischer Akt betrachtet wird, der wie eine Kommunikation behandelt werden kann; außerdem erhielt der Kontext für das Verständnis der Traumnarration eine immer größere Bedeutung (Vinocur Fischbein, 2011). Während die Traumarbeit den eigentlichen unbewussten Inhalt einerseits verschlüsselt, liefert der Traum als solcher sowie insbesondere durch die Prozesse der Symbolisierung dem Träumer andererseits einen Zugang zu unbewussten Inhalten, der ansonsten nicht möglich wäre. An dieser Stelle liefert Freud die Grundlage für spätere Auffassungen, dass der Traum innerhalb der therapeutischen Beziehung als eine Kommunikation über unbewusste Inhalte betrachtet werden kann. Hierbei spielt der sogenannte Tagesrest eine Rolle: Freud betont, dass die Träume der Nacht in der Regel Ereignisse des Vortages aufgreifen, sie aber in einen anderen Zusammenhang stellen. Er vermutet, dass das Tagesereignis unbewusste Wünsche und Konflikte aktiviert, die dann im Mittelpunkt des Traumes stehen. Insofern bringt der Traum, auch wenn er die Inhalte entstellt, unbewusste Themen an die Oberfläche. Während also für Freud anfangs der Traum für das Verständnis der Abwehr unbewusster Triebwünsche wichtig war, verschob sich im Verlaufe der Entwicklung der Fokus hin zu einer Untersuchung seiner Bedeutung für die Übertragungsbeziehung.

Gegen Ende seines Lebens stellte Freud fest, dass das Interesse der Psychoanalytiker am Traum und der Traumdeutung erloschen sei. Selbst falls das richtig sein sollte, so hat sich dies spätestens ab den 1970er Jahren wieder gewandelt. Seitdem ist ein wachsendes Interesse an Träumen, aber auch an der empirischen Erforschung von Träumen und Traumprozessen in Psychotherapien zu beobachten, wobei diese Forschung und neuere Konzepte auch durch die Fortschritte in der empirischen Traumforschung beeinflusst sind. Allerdings hat in der freudschen Tradition, vor allem unter dem Einfluss der kleinianischen Theorie, der Traum seinen Stellenwert als »Königsweg zum Unbewussten« eingebüßt. An dessen Stelle ist die Analyse der Übertragung und Gegenübertragung getreten. Der Übertragungsdynamik kommt auch bei der Interpretation des Traumes eine zentrale Rolle zu (Morgenthaler, 1986). Der Traum erhält in dieser Sichtweise die Bedeutung einer Kommunikation innerhalb der analytischen Beziehung, z. B. eines Kommentars zur Übertragungsbeziehung.

2.4 Die Entwicklung der psychoanalytischen Traumtheorien

Deserno (1999), Moser (2003), Bohleber (2012), Vinocur Fischbein (2011) und Jiménez (2012) geben eine Übersicht über die Entwicklung und den jeweils aktuellen Stand der psychoanalytischen Traumtheorien. Wie bereits erwähnt, ist es nicht die Absicht, hier einen umfassenden Überblick über die verschiedenen Theorien und ihren Entwicklungen innerhalb der Psychoanalyse zu geben. Vielmehr möchte ich im Folgenden die Entwicklung der psychoanalytischen Traumtheorien anhand einiger zentraler Fragestellungen beleuchten, um die sich die Debatte seit den Tagen Freuds dreht:

1. Hat der Traum überhaupt Bedeutung, wie Freud und nach ihm die meisten psychoanalytischen Theorien annehmen, oder nicht?
2. Träumen ist bei Menschen universell, was aber ist ihre Funktion? Schützt Träumen den Schlaf? Ist der Traum eine Wunscherfüllung? Oder zielt er auf die Lösung psychischer Probleme und die Weiterentwicklung der Persönlichkeit ab? Tut er dies, indem er das Bewusstsein kompensiert?
3. Entstellt der Traum den eigentlichen unbewussten Inhalt, gibt es also im Sinne Freuds eine Verschlüsselung/Zensur, oder enthält der manifeste Traum schon den eigentlichen unbewussten Inhalt? Ist der Traum in diesem Sinne eine Kommunikation, z. B. in der Beziehung zwischen Analysand und Analytiker?
4. Wie soll mit dem Traum in der psychoanalytischen Therapie gearbeitet werden? Braucht es die Assoziationen des Träumers, um den Sinn zu verstehen? Oder enthält der Traum an sich schon die Information, die therapeutisch genutzt werden kann und die zumindest unbewusste Aspekte der Persönlichkeit und Dynamik des Träumers erhellt?
5. Damit der Traum eine konstruktive Wirkung entfaltet, muss er gedeutet/bewusst gemacht werden, oder hat Träumen an sich, auch ohne Bewusstwerdung, eine positive Wirkung auf den Organismus?

Von Anfang an war Freuds Theorie des Traumes in der Psychoanalyse umstritten, vielleicht sogar umstrittener als andere Konzepte. Dabei haben verschiedene frühe Psychoanalytiker Konzepte vertreten, die dem Freuds diametral entgegengesetzt waren; nicht nur Jung (wie unten ausführlich dargestellt), sondern auch Adler, Maeder u. a. (vgl. Berner, 2018a). Hier beispielsweise die Position von Alfred Adler und seiner Individualpsychologie:

> »Träume sind keine isolierten seelischen Phänomene. Sie bedienen sich derselben seelischen Dynamik wie sie in Versprechern, Tagträumen, Fantasien und anderem Wachverhalten angewendet wird. […] Die Befunde der Individualpsychologie weisen darauf hin, dass das gesamte Verhalten eines Menschen einheitlich ausgerichtet und Ausdruck seines jeweiligen Lebensstils ist. Weil Träume eine Form menschlichen Verhaltens sind, können sie da keine Ausnahme bilden. Sie sind ein Teil der Einheit.« (Adler, 2010, S. 592f.)

Hannich (2018), ein zeitgenössischer Individualpsychologe und Anhänger der Herangehensweise von Adler, betont dabei die Bedeutung der Selbstwertregulation: »Der Grundgedanke der Individualpsychologie in Bezug auf Träume ist die Einheit von Wach- und Traumbewusstsein. Menschen unterliegen im Wachen wie im Schlafen ein und derselben Strebung, das Selbstwertgefühl nicht sinken zu lassen. Ähnlich wie die Kindheitserinnerungen ist der Traum somit Ausdrucksphänomen des Lebensstils. Der Träumende lässt nur das zu, was für ihn von lebensstiltypischer Bedeutung ist« (Hannich, 2018, S. 99).

Diese Aussagen sind auf dem Hintergrund interessant, da sie weitgehend einer in der heutigen Traumforschung sehr prominenten These entsprechen, der sogenannten Kontinuitätshypothese von Wachen und Träumen (siehe ausführlicher unten).

2.4.1 Ist der Traum sinnloser Schaum?

An dieser Stelle müssen vor allem die bahnbrechenden Arbeiten des Neurowissenschaftlers und Neuropsychoanalytikers Mark Solms erwähnt werden. Basierend auf Studien mit hirnverletzten Patienten haben Solms und Turnbull (2002) ein neurodynamisches Modell der Traumentstehung entwickelt. Unter anderem konnte er damit die Beteiligung bestimmter Hirnregionen am Traumgeschehen nachweisen sowie die von manchen Neurowissenschaftler aufgestellte Hypothese, der Traum sei ein sinnloser Leerlauf des Gehirns, widerlegen (siehe ausführlicher unten).

2.4.2 Verschlüsselung oder Abbildung/Kommunikation?

Die gegenüber Freud extremste oppositionelle Position haben vielleicht die amerikanischen Ich-Psychologen, insbesondere Hartmann, Kris und Erikson vertreten, die der Auffassung waren, dass der Traum, klinisch gesehen, eine Kommunikation wie jede andere sei und ohne besonderen Nutzen für die Aufdeckung des Unbewussten (Berner, 2018a). Erikson (1955) zeigte beispielsweise am berühmten Irma-Traum, dass man viel vom allgemeinen Funktionieren der Persönlichkeit schon am manifesten Traum ablesen könne. Eine andere Sicht spricht dem Traum vor allem eine kommunikative Funktion in der psychoanalytischen Behandlung zu: Im Traum werden infantile Objektbeziehungen dargestellt, die auch in der Übertragung auftauchen, über die Traumdeutung allerdings zum Gegenstand des Gesprächs gemacht werden können. Der Übertragungsdynamik kommt dann auch bei der Interpretation des Traumes eine zentrale Rolle zu (Morgenthaler, 1986). Der Traum erhält in dieser Sichtweise die Bedeutung einer Kommunikation innerhalb der analytischen Beziehung, z. B. eines Kommentars zur Übertragungsbeziehung. Parallel dazu haben sich narrative Traumtheorien entwickelt (Boothe, 1994; Hamburger, 1999).

Manche Theorien behandeln den Traum unter der übergreifenden Metapher des Theaters, was die Unterscheidung verschiedener Räume, z. B. des Bühnenraums und des Zuschauerraums, ermöglicht: Das Ich wird als Regisseur auf der Bühne gesehen, der sich um einen ordnungsgemäßen Ablauf bemüht. Aber die

Zuschauer mischen sich ein und treten als Störenfriede auf. Moser (2003) formuliert sogar eine Sichtweise, bei der der Traum als eine Botschaft behandelt wird: »In einem Raum werden Dinge dargestellt, die vom anderen Teil nicht akzeptiert werden. Konzepte wie Spaltung, Verleugnung, Abwehr tauchen auf. Der Traum wird als eine Botschaft verstanden, die dem anderen Träumer die Aufgabe gibt, eine integrative Arbeit vorzunehmen, auf diese ›innere Stimme‹ zu hören« (S. 547). Traumtheorien dieser Art finden sich in der Selbstpsychologie, in der kleinianischen Schule und bei Benedetti (Moser, 2003). Freud hatte diese Sichtweise strikt abgelehnt: »Der Traum will niemandem etwas sagen. Er ist kein Vehikel der Mitteilung« (Freud, 1916, S. 238).

Vinocur Fischbein (2011) fasst in ihrer Übersicht über die Entwicklung der psychoanalytischen Traumtheorien zusammen, dass es mittlerweile eine klare Tendenz gibt, die Funktion von Träumen weniger als einen Ausdruck für unbewusste Wünsche zu sehen (Freud), sondern dass sie eine Repräsentation des Zustands der (gestörten) inneren Welt darstellen. Ihre eigene Sicht fasst sie folgendermaßen zusammen: »[...] that dreams reported in session are communicative signs, capable of being transformed into a symbolic matrix that generates processes of psychic semiosis. They are polysemic messages with an intrinsic value not entirely dependent on the analytic dialogue« (Vinocur Fischbein, 2011, S. 341).

2.4.3 Wunscherfüllung oder kreative Problemlösung?

Insbesondere Freuds Hypothese, dass der Traum eine Wunscherfüllung sei, hat schon innerhalb der Psychoanalyse von Anfang an zu intensiver Kritik geführt.

> »Bis heute hat die Wunsch-Theorie viele Gegner [...] Enttäuschungen erntete Freud auch, als er einschränkend meint, dass Träume, wenn sich die Wunscherfüllung nicht darstellen ließe, zumindest ein Versuch der Wunscherfüllung bzw. eine unbewusste Wunscherfüllung seien. Man findet diese Wünsche aber durch kunstgerechte Analyse. Das sei eine Immunisierungsstrategie, kritisieren viele Traumexperten diesseits und jenseits der Psychoanalyse, man könne ja immer so deuten, dass es auf Wünsche hinausläuft. Das beweise gar nichts. Die Frage nach den regulativen Funktionen des regressiven Schlafzustands ist unentschieden.« (Boothe, 2018, S. 61)

Morgenthaler (1986) hat versucht, Freuds Wunschhypothese neu zu konzipieren: Der Traum beeinflusse insofern die psychoanalytische Beziehung, als dass er aufzeigt, was Analytiker und Analysand zunächst nicht wissen und hören wollen, und liefert damit Hinweise für die weitere Entwicklung der Therapie. Unter den jüngeren Kritikern der Wunscherfüllungshypothese sei an dieser Stelle Bollas (1987) erwähnt, der zwar diese Hypothese nicht völlig verwirft, aber deutlich relativiert. Der Traum wird hier nicht mehr als eine reine Abwehr des Wunsches gesehen, sondern als mögliche Erkenntnisquelle, was sich daran zeigen ließe, dass viele Menschen sich durch die Erlebnisse in ihren Träumen in ihrem realen Alltagshandeln deutlich beeinflussen ließen.

2.4.4 Neuere psychoanalytische Traumtheorien

Die Arbeit von Bion

Eine erhebliche Veränderung erfolgte durch die Arbeiten von Bion, der in der Traumfunktion eine grundlegende Funktion des Psychischen sah (Überblick bei Becker, 2018). Während für Freud die Traumarbeit der Verzerrung der latenten Trauminhalte zum Schutze des Schlafes diente, wird im Anschluss an Bion der Traum als eine besondere Form des unbewussten Denkens verstanden, das der Verarbeitung von Konflikten, der Schaffung neuer Ideen und dem seelischen Wachstum dient. Es gibt hier die Idee von einem Traumdenken im Wachen, bei dem es um die symbolisierende Funktion im Seelischen geht. Durch die Reverie – dem träumerischen Ahnungsvermögen – des Analytikers kann es gelingen, zu Repräsentationen und Symbolisierungen zu kommen. Im Gegensatz zu Freuds Deutungsmodell des Traumes geht es in dieser Perspektive nicht mehr um die Deutung unbewusster Wünsche, sondern um die Generierung von Repräsentanzen und Symbolisierungen (in dieser Tradition stehen die Traumtheorien von Meltzer (1983), Ogden und Ferro (zit. N. Moser, 2003). Dieser Ansatz geht so weit zu behaupten, nicht der Traum sei Hüter des Schlafes, vielmehr sei der Schlaf Hüter des Traumes, d.h. die Traumarbeit sei für die geistige und psychische Gesundheit und Wachstum wichtig und der Schlaf sei Voraussetzung dafür. Auch wird bei Bion betont, Freud habe nur die Abwehrfunktion des Traumes erkannt und seine kreative Funktion übersehen. In ähnlicher Weise äußerte sich Meltzer (1983): Träumen sei »a creative process which generates meaning that can be deployed to life and relationships in the outside world« (S. 83).

Das kognitiv-informationstheoretische Modell von Moser und von Zeppelin

Moser und von Zeppelin (1996) haben unter Hinzunahme von Informationsverarbeitungsmodellen aus der Psychologie und den Neurowissenschaften ihr eigenes Generierungsmodell entwickelt, das im Traum einen kognitiven und affektiven Informationsverarbeitungsprozess sieht, der der psychischen Problemlösung dient. Im Zentrum des Traummodells steht die Affektregulierung, wobei allerdings zu beachten ist, dass es nicht um ein Interpretationsmodell geht, sondern um ein Erklärungsmodell für die Entstehung von Träumen.

> »Im Wesentlichen geht es im Traumprozess um die Verarbeitung von traumatischen und konflikthaften emotionalen Erfahrungen, indem zwischen den beiden Regulierungskontexten des Sicherheitsprinzips und des emotionalen Involvements immer wieder der Versuch gemacht wird, bislang nicht verdaute emotionale Erfahrungen zu träumen, zu denken, zu integrieren. Der Traum wird als Mikrowelt verstanden, der eine problemsuchende Struktur mit dem Ziel der Problemlösung darstellt.« (Döll-Hentschker, 2018, S. 83)

Auf der Basis dieser Theorie haben die Autoren ein Kodierungsmodell entwickelt, mit dem Prozessverläufe von Träumen in Psychotherapien untersucht werden können.

»Kurz zusammengefasst wird in diesem Modell postuliert, dass so genannte Traumkomplexe – aktiviert durch aktuelle Ereignisse – sämtliche Informationen ungelöster Konflikte und traumatischer Situationen während des Träumens zu bearbeiten. Der Traum sucht nach einer Lösung oder, besser gesagt, nach der bestmöglichen Adaptation dieser Traumkomplexe [...]. So wird postuliert, dass ein Traumkomplex einem oder mehrerer solcher Komplexe entstammt, die im Langzeitgedächtnis gespeichert sind. Diese Komplexe wiederum wurzeln in konflikthaften und/oder traumatischen Erfahrungen, die uns in Form von Introjekten kondensiert wieder beggenen. Sie entsprechen dem Freudschen latenten Traumgedanken. Aktiviert werden sie durch von außen kommende Stimuli, die strukturell den gespeicherten Situationen der Komplexe ähneln, und drängen nach einer Lösung. Die Suche nach einer Lösung dieser Komplexe wird bestimmt durch das Bedürfnis nach Sicherheit und den Wunsch nach Teilhabe. [...] Wünsche spielen innerhalb dieser Komplexe eine spezifische Rolle, indem sie die Vorstellungen vom eigenen Selbst mit denen über andere sowie mit generalisierten Interaktionsrepräsentation (RIGs, das heißt wie das Selbst sich vorstellt, dass das Miteinander in der Regel von statten geht) verbinden. Konflikthafte Komplexe sind Bereiche gebündelter Wünsche, RIGs und Selbst- und Objektmodelle mit repetitiven Charakter, die gekennzeichnet sind durch ungebundene affektive Information.« (Fischmann et al., 2012, S. 849f.)

Hartmanns Theorie der autotherapeutischen Funktion von Träumen

Hartmann (1995, 1998) nimmt auf der Basis seiner Untersuchung von posttraumatischen Albträumen eine autotherapeutische Funktion des Traumes an. Schon Freud hatte sich auseinandergesetzt mit der Erklärung von Albträumen nach traumatischen Erfahrungen, in denen der reale Ablauf des traumatischen Ereignisses wiederholt exakt wiedererlebt wird, was im Gegensatz zu seiner Traumtheorie stand. Hartmann konnte nun einen Prozess beobachten, wonach in der Zeit kurz nach dem traumatischen Ereignis dieses im Traum, gleich einem Film, wiedererlebt wird und das Ereignis im Traum unverändert erscheint. Einige Zeit nach dem Ereignis jedoch kommt es zu Veränderungen im Traum: Der Ort oder die beteiligten Personen werden verändert. Schließlich werden die realen Ereignisse teilweise durch symbolische Darstellungen ersetzt. Hartmann nimmt an, dass der Traum bei diesen Veränderungsprozessen hilft, indem er die Emotionen kontextualisiert, d. h. im Traum, an einem sicheren Ort, an dem kein neuer sensorischer Input stattfindet, werden neue Verbindungen erstellt und die heftige Emotionalität damit beruhigt und integriert. Träume bearbeiten irritierende Erfahrungen, die mit erregten oder ängstigenden Affekten einhergehen, und im Traum wird versucht, Verknüpfungen zu anderen Erfahrungen im Gedächtnis herzustellen, um so die schmerzhafte Erfahrung mit anderen, weniger emotional behafteten Erinnerungen ins Gedächtnis einzubauen.

Control-Mastery-Theorie

Die am weitesten entwickelte Theorie in diesem Bereich stellt sicherlich die sogenannte Control-Mastery-Theorie (Gazzillo, Silberschatz, Fimiani, De Luca & Bush, 2019) dar, die von Psychoanalytikern der San Francisco Psychotherapy Research Group entwickelt wurde, und die viele der weiter unten dargestellten Ergebnisse und Konzepte der empirischen Traumforschung einbezieht:

> »A dream is an unconscious attempt to find a solution to an emotionally relevant concern. In dreams people think about their main concerns, particularly those concerns they have been unable to solve by conscious thought alone, and try to develop and test plans [...] for dealing with them [...] From this perspective, dreams may be viewed as simple but important messages that dreamers send themselves.« (Gazzillo et al., 2019, S. 3)

Träume sind demnach also eine adaptive Ressource, indem sie auf kreative Weise Probleme und Emotionen mit früheren Erinnerungsspuren verbinden und die Bewältigung bisher ungelöster Situationen durch Simulation und den Test möglicher Lösungen üben. Insofern sei beim Träumen eine höhere Ebene unbewussten mentalen Funktionierens aktiv.

Zusammenfassend lässt sich sagen, dass man bei verschiedenen neueren Theorien eine Bewegung weg von Freuds Wunscherfüllungsthese beobachten kann, hin zu Theorien, wonach Träume vor allem emotionale Regulation und Problemlösung leisten.

2.4.5 Aufwertung des manifesten Trauminhalts

Die genannten Übersichtsarbeiten argumentieren, es zeige sich in den neueren Theorien, vor allem unter dem Einfluss der Ich-Psychologie, ein deutlicher Trend zur Aufwertung des manifesten Trauminhalts: »Immer mehr nimmt man an, dass der manifeste Traum über den Zustand des Analysanden und über dessen Verständnismöglichkeiten der eigenen Innenwelt und der Innenwelt anderer Auskunft gibt (freilich nur in fragmentierte Form)« (Moser 2003, S. 550), und dass sich auch ohne assoziative Entschlüsselungen im manifesten Traum direkt Informationen gewinnen lassen. In diesem Sinne ermöglichen Interpretationen von Träumen den Zugang zur persönlichen *Theory of Mind* des Träumers, eine neuere Sichtweise auf den Traum, die besonders bei Fonagy et al. (2012) betont ist.

In dieselbe Reihe kann man Hartmanns (1995,1998) Auffassung von der autotherapeutischen Funktion des Traumes stellen. Bei posttraumatischen Albträumen wird die reale Erfahrung zunächst sehr realitätsnah und unverstellt wiedererlebt, was gegen eine Entstellung oder Verschlüsselung des Trauminhaltes spricht. Die Funktion des Traumes wäre hier also gerade nicht, den eigentlichen Inhalt zu verzerren, sondern ihn vielmehr umzuformen, damit er ins Langzeitgedächtnis integriert werden kann.

2.4.6 Der Traum als Darstellung (und Wiederherstellung) des Selbst

In der Theorie von Fiss (1995) ist jeder Traum eine Ausformung eines (vermuteten) zu Grunde liegenden Selbst; der Traum erhält er die Funktion einer Konsolidierung der Identität auf Basis dieses Selbst, einer Förderung der Selbstentwicklung bzw. deren Aufrechterhaltung oder Wiederherstellung. Dies liegt schon sehr nahe an der Sichtweise der Selbstpsychologie auf den Traum, wie sie zuerst bei Kohut (1977) formuliert wird. Zwar hat Kohut keine ausdifferenzierte Traumtheorie entwickelt, weist der Arbeit mit Träumen aber einen zentralen Stellenwert in der Analyse zu. Insbesondere stellt er neben Freuds Traummodell ein zweites Modell sogenannter Selbstzustandsträume, die immer dann auftauchen, wenn die Stabilität der Struktur des Ichs gefährdet ist und stabilisiert oder wiederhergestellt werden muss. Er betont, dass dieser Akt der Darstellung der gesamten innerpsychischen Situation im Traum eine Form ist, der Gefährdung der Persönlichkeitsstruktur zu begegnen – dadurch, dass die namenlose Angst im Traum in ein Bild gefasst wird. Träume sind also Bestandteil der Fähigkeit zur Selbstregulation der Psyche, die dann aktiviert wird, wenn deren Integrität bedroht ist. Stolorow (1978; Stolorow & Atwood, 1993) hat dies noch weiter ausgeführt und betont, dass das Traumbild die Funktion übernimmt, die Bedrohung für die Persönlichkeitsstruktur einzukapseln, in dem sie ihr eine Form gibt, und damit zugleich eine Reparatur des beschädigten oder destabilisierten Selbst darstellt. Die Funktion des Traumes ist es also, die psychische Organisation zu beschützen durch den reparativen Gebrauch von Konkretisierung. Dieses Modell führt zu einer Arbeitsweise in der Analyse, in der nicht mehr die Entschlüsselung des latenten Trauminhaltes versucht wird, sondern vielmehr der Fokus auf einem gemeinsamen Untersuchen des Traumes liegt, und wie in diesem die persönliche Welt des Träumers und seine innere Situation zum Ausdruck kommt. Hierbei ist nicht nur die Symbolik im Traum und die Assoziationen des Träumers dazu von Bedeutung, interessanterweise hebt Stolorow auch die Bedeutung der Struktur des Traumes und der Konfigurationen von Selbst und Objekten, die das Traumnarrativ strukturieren, hervor. In diesem strukturellen Verhältnis von Selbst und Objekten im Traum liegt eine zusätzliche Verständnisebene, auf der sich unbewusste Erfahrungsstrukturen der Person ausdrücken. Der Traum wird also als Spiegel des inneren, subjektiven Universums des Träumers gesehen.

Fosshage (1987) bringt dies in seiner Theorie noch weiter auf den Punkt, wobei er hierfür auch neurowissenschaftliche und kognitionspsychologische Forschung und Modelle nutzt. Für ihn ist die wichtigste Funktion des Traumes die Entwicklung, die Aufrechterhaltung und die Wiederherstellung der psychischen Organisation. Indem der Traum Bilder schafft, konsolidiert er psychische Entwicklungsprozesse bzw. sieht diese regelrecht voraus, während diese Entwicklungen für das Bewusstsein noch nicht wahrnehmbar sind. Als Beispiel dafür beschreibt er den Fall einer fünfzigjährigen Analysandin, die zwar beruflich erfolgreich war, aber ein emotional sehr eingeschränktes Leben lebte. In ihren Träumen taucht das Bild eines roten Porsches auf, den sie fährt. Dieses Traumbild spielt auf ihre vitale und emotional lebendige Seite an, wobei der Traum diese Entwicklung erst ankündigt, während dieser Impuls in ihrem bewussten Leben noch nicht angekommen war. Darüber hinaus kann der Traum die Funktion übernehmen, ein psychisches Gleichgewicht wiederherzustellen, indem er z. B. unterdrückte Emotionen und Impulse in Traumbildern zum Ausdruck bringt und ihnen damit einen Weg zum Bewusstsein des Träumers ebnet.

Schon lange vor Kohut und anderen Selbstpsychologen aber lag eine ähnliche Auffassung vom Traum bei Fairbairn (1952) vor: Aufgrund seiner analytischen Erfahrung kam er zu der Sicht auf den Traum als »dramatizations or ›shorts‹ (in the cinematographic sense) of situations existing in inner reality« (S. 99). Der manifeste Trauminhalt verhülle nicht die eigentliche Bedeutung, vielmehr zeige er präzise die unbewussten Beziehungen zwischen Teilpersönlichkeiten des Träumers bzw. von solchen Teilpersönlichkeiten zu Objektrepräsentanzen.

2.4.7 Theoretischer Pluralismus

Diese Vielgestaltigkeit der aktuellen theoretischen Konzepte führt Bohleber (2012) in seiner Übersicht über den Stand der psychoanalytischen Traumtheorien – in Anlehnung an die gegenwärtige Sichtweise auf die unterschiedlichen psychoanalytischen Theorierichtungen – zu der Zusammenfassung, dass man auch in Hinsicht auf die Traumdeutung von einem psychoanalytischen Pluralismus sprechen müsse (vgl. auch Berner, 2018). Der Mainstream habe sich von der freudschen Theorie abgewandt und den manifesten Traum als den eigentlichen Trauminhalt zum Gegenstand der Untersuchung gemacht. Freuds Theorie habe den manifesten Traum entwertet und damit verdunkelt, dass dieser selbst eine integrative Funktion hat. Gegenwärtige Traumdeutung in der Psychoanalyse habe viel mehr mit einer Sinnerschaffung als mit der Aufdeckung eines latenten unbewussten Sinngehaltes zu tun. Allerdings betont Bohleber auch, dass zentrale Elemente von Freuds Theorie durch neuere Forschungen bestätigt wurden. Zum einen, dass primärprozesshaftes Denken im Traum wirkt und zum anderen, dass insbesondere unbewusste Motive und Wünsche eine wichtige Rolle bei der Traumproduktion spielen (Bohleber, 2012).

Die neuere Sicht spricht dem Traum vor allem eine kommunikative Funktion in der psychoanalytischen Behandlung zu: Im Traum werden infantile Objektbeziehungen dargestellt, die auch in der Übertragung auftauchen, die über die Traumdeutung allerdings zum Gegenstand des Gesprächs gemacht werden können. Moser (2003) versucht das Gemeinsame aller Ansätze in folgende Formel zu fassen:

> »Das Ziel der Traumarbeit in der analytischen Situation ist die Übernahme des Traums in die gemeinsame interpretative Mikrowelt von Analytiker und Analysand. Der Traum ist ein persönlicher Beitrag des Überdenkens der eigenen Situation in einer Sprache präverbaler Art, die nicht ohne weiteres zugänglich ist.« (S. 555)

2.5 Jungs Theorie des Traums und der Traumdeutung

In mehreren Publikationen hat Jung im Laufe seines Schaffens seine Auffassung von der Bedeutung des Traumes und der Arbeit mit Träumen im Rahmen der Psychotherapie dargelegt. 1925 beschreibt Jung in seiner Abhandlung »Allgemeine Gesichtspunkte zur Psychologie des Traumes« den Traum als »spontane Selbstdarstellung der aktuellen Lage des Selbst in symbolischer Ausdrucksform« (Jung 1971, §505). Dies macht schon einen zentralen Unterschied zu Freuds Auffassung deutlich: Der Traum enthält keine verschlüsselte Botschaft, die sich hinter dem Text des Traumes verbirgt. Er ist nicht durch eine Traumzensur entstellt, sondern er ist nach Jung genau das, was er darstellt. Allerdings benutzt das Unbewusste, dessen spontaner Ausdruck der Traum ist, eine Bilder- bzw. Symbolsprache. Um die Mitteilung des Traumes psychologisch zu nutzen und dem Bewusstsein zugänglich zu machen, muss die Sprache des Traumes in eine psychologische bzw. begriffliche Sprache übersetzt werden. Bestandteil der Sichtweise des Traums als Selbstdarstellung der Psyche ist die sogenannte Betrachtung auf der Subjektstufe. Die Betrachtung des Traumes auf der Objektstufe entspricht dem alltäglichen Verständnis. Bedeutet, wenn von einer real existierenden Person oder Figur geträumt wird, thematisiert der Traum auch diese reale Person oder die Beziehung zu ihr. Die Betrachtung auf der Subjektstufe versteht hingegen alle im Traum vorkommenden Figuren als Personifikationen für Anteile der Persönlichkeit des Träumers. Dies eröffnet einen Deutungshorizont in der Traumarbeit, durch welchen dem Träumer bisher unbewusste eigene Anteile zugänglich gemacht werden können.

In Jungs Auffassung entspringt der Traum dem Selbst, der zentralen Instanz in der Psyche, die zum einen die Gesamtheit aller psychischen Funktionen umfasst und die zum anderen die Entwicklung der Person in Richtung auf diese potentielle Ganzheit vorantreibt. Diese vom Selbst ausgehende Bewegung hin auf die Ganzheit der Person bezeichnet Jung als Individuationsprozess. Jeder Traum stellt somit einen potentiellen Baustein des Individuationsprozesses dar, mit dem das Selbst (synonym benutzt Jung hier häufig auch einfach den Begriff »das Unbewusste«) eine Mitteilung an das Bewusstsein richtet, wie es sich auf die eigene Ganzheit hin orientieren kann. Damit haben die Träume nach Jung zugleich eine prospektive Funktion, schauen also voraus auf das, was zur Realisierung der Ganzheit fehlt oder integriert werden muss. Dem steht die reduktive Funktion des Traumes gegenüber, bei der im Traum aktuelle Ereignisse auf zugrunde liegende Konflikte in der Persönlichkeit des Träumers zurückgeführt werden, die wiederum mit Erfahrungen in der Vergangenheit zusammenhängen – hier sieht Jung die Zusammenhänge sehr ähnlich wie Freud. Einen exemplarischen Verlauf eines Individuationsprozesses in einer Traumserie hat Jung in »Traumsymbole des Individuationsprozesses« 1944 dargestellt (Jung, 1972).

Das Verhältnis des Unbewussten zum Bewusstsein bezeichnet Jung generell als kompensatorisch (Jung, 1991), womit genau die korrigierende Haltung des Unbewussten gemeint ist, die sich an der Ausrichtung auf die Ganzheit hin orientiert:

2.5 Jungs Theorie des Traums und der Traumdeutung

»Je einseitiger und je weiter wegführend vom Optimum der Lebensmöglichkeit die bewusste Einstellung ist, desto eher ist die Möglichkeit vorhanden, dass lebhafte Träume von stark kontrastierendem, aber zweckmässig kontrastierendem Inhalt als Ausdruck der psychologischen Selbststeuerung des Individuums auftreten« (Jung, 1984, S. 286). Man könnte auch sagen, dass Unbewusste bietet dem Bewusstsein Lösungsmöglichkeiten für die Konflikte an, in denen dieses steckt, oder macht zumindest Vorschläge, wie die Problemsituation aus einer erweiterten Perspektive betrachtet werden kann. In der praktischen Traumarbeit wird also der Traum immer unter der Frage betrachtet, was sein kompensatorischer Aspekt gegenüber der aktuellen Einstellung des Bewusstseins ist (Jung, 1944). In Jungs Auffassung stellen die Symbole und Bilder im Traum keine Verzerrungen des eigentlichen Trauminhaltes dar, sondern entsprechen der üblichen Sprache des Unbewussten. Um diese zu interpretieren, werden die im Traum auftauchenden Symbole im Rahmen der sogenannten Amplifikation mit mythologischen Parallelen angereichert, um so ihrem Sinn näher zu kommen (vgl. Roesler, 2016; Dieckmann 1974; Adam, 2000).

Bei Jung wird dem Traum also ganz klar ein Selbstheilungspotential zugesprochen. Ermann (2005) bringt die Auffassung Jungs gegenüber der von Freud auf den Punkt: »Bei Freud steht die Funktion des Traums als ›Hüter des Schlafs‹ im Mittelpunkt, also die Intention, das Verdrängte nicht störend ins Bewusstsein meines Schlafs eindringen zu lassen. Bei Jung ist es die Mitteilung aus dem Unbewussten, die uns den Traum träumen lässt. […] Kurz gesagt, bei Jung enthüllen Träume, bei Freud verhüllen sie das Unbewusste« (S. 44).

Ein Fallbeispiel

Eine Klientin sucht Psychotherapie auf, zunächst vor allem, weil sie in ihrer Ehe unzufrieden ist. Nach der Geburt der zwei Kinder hat sie ihre Berufstätigkeit aufgegeben, während ihr Mann voll berufstätig ist. Das Paar hat eine somit ziemlich traditionelle Rollenaufteilung: Sie versorgt den Haushalt und betreut die Kinder, während er die Rolle des Ernährers innehat. Schon allein damit ist die Klientin sehr unzufrieden. Der Konflikt entzündet sich an dem Wunsch des Mannes, abends von ihr eine warme Mahlzeit gekocht zu bekommen. Die Klientin empört sich in der Therapie immer wieder über diese Forderung. Den Vorschlag des Therapeuten, dieses Problem doch einmal mit ihrem Mann zu besprechen, weist sie aber von sich – das sei nicht möglich. Vor dem Hintergrund der biografischen Anamnese wird deutlich, dass dieser Hemmung, den Konflikt auszutragen, lebensgeschichtliche Erfahrungen und Prägungen zu Grunde liegen. Die Klientin ist die jüngste von drei Geschwistern, wobei die beiden Brüder deutlich älter waren als sie, wodurch allein schon sie sich innerhalb der Familie als eher schwach erlebte. Hinzu kam, dass in ihrer Ursprungsfamilie eine sehr traditionelle, um nicht zu sagen patriarchalische Vorstellung der Geschlechterrollen vorherrschte. Die Mutter der Klientin hatte keine Ausbildung und war lebenslang ausschließlich Hausfrau und Mutter. Die beiden Brüder fühlten sich durch diese latente Entwertung der weiblichen

Rolle dazu ermutigt, die Klientin zu drangsalieren, wobei die Schilderungen der Klientin nahelegen, dass hier regelrechte Misshandlung vorlag. Die Klientin erfuhr hierbei als Kind keinerlei Schutz von den Eltern. Dies legt die psychodynamische Überlegung nahe, dass sich zum einen eine erhebliche Wut auf diese Unterdrückung durch männliche Familienmitglieder angestaut hat, zum anderen aber eine Aggressionshemmung sowie ein geringes Selbstbewusstsein in ihrer Rolle als weibliches Wesen; in dem Sinne, dass sie von sich selbst das Bild hat, männlichen Forderungen in einer Beziehung nichts entgegensetzen zu können.

Die ersten Monate der Therapie verlaufen eher gleichförmig: Die Klientin ärgert und empört sich über die Rollenverteilung in ihrer Ehe. Aber jeglichen Vorschlag, dies doch einmal in der Beziehung zu besprechen oder ihre Vorstellungen von Partnerschaft einzubringen, weist sie von sich. Dann erscheint die Klientin eines Tages sehr aufgewühlt zur Therapiesitzung und berichtet den folgenden Traum:

»Ich gehe durch ein schönes, großes Haus, die Zimmer sind durch große Flügeltüren miteinander verbunden. Ich schreite durch die Räume, diese sind in unterschiedlichen Farben gestrichen. Ich finde es sehr ansprechend, vielleicht gibt es ein bisschen zu wenig Möbel und Einrichtung, aber insgesamt gefällt mir das Haus gut. Während ich noch herumgehe, höre ich von draußen, von der Straße, Lärm. Als ich aus dem Fenster hinausschaue, sehe ich auf der Straße einen Bagger, der die Straße aufreißt, um neue Leitungen zu verlegen. Noch während ich hinausschaue, verlässt der Bagger die Baustelle und steuert auf das Haus zu. Er bricht in vollem Tempo durch die Mauer in das Haus ein und in das Zimmer, in dem ich stehe. Ich erschrecke furchtbar und erwache.«

Vor dem Hintergrund der lebensgeschichtlichen Erfahrung der Klientin und dem aufgezeigten Komplex um Selbstunsicherheit und Aggressionshemmung, kann dieses Traumbild folgendermaßen verstanden werden: Da keine bekannten Personen oder Elemente im Traum auftauchen, werden die Bestandteile des Traumes auf der Subjektstufe interpretiert. In diesem Sinne kann das Haus als ein Bild für die Gesamtpersönlichkeit der Klientin verstanden werden. Die großen, ansprechenden Räume in unterschiedlichen Farben können hierbei als eine im weitesten Sinne psychische Gesundheit der Gesamtpersönlichkeit verstanden werden; es sind verschiedene Emotionen differenziert und zugänglich. Die geringe Einrichtung kann allerdings Ausdruck davon sein, dass die Klientin die Möglichkeiten ihrer Persönlichkeit bisher nicht ausschöpft bzw. diese noch nicht ausdifferenziert hat, in gewisser Weise »bewohnt sie das Haus ihrer Persönlichkeit« noch nicht. Der Bagger im Traum kann als ein Bild für eine konstruktive Aggressivität verstanden werden. Konstruktive Aggressivität meint hierbei, dass die Person in der Lage ist, ihre eigenen Bedürfnisse und Interessen zu vertreten und dafür auch in einem gewissen Maße aggressive Durchsetzungsfähigkeit einzusetzen. Ein Bagger im Allgemeinen wird nicht nur eingesetzt, um etwas zu zerstören, sondern letztlich auch, um etwas Neues zu schaffen – im vorliegenden Falle neue Leitungen zu verlegen, die die Versorgung verbessern. Dass der Bagger mit Gewalt in das Haus einbricht, kann als Bild dafür verstanden werden, dass die Klientin bislang die Fähigkeit zu konstruktiver Aggressivität in ihrem Leben und insbesondere in Beziehungen abgespalten bzw. noch nicht entwickelt hat – deshalb erlebt sie diese Fähigkeit als etwas Bedrohliches und potenziell Zerstörerisches. Diese Fähigkeit will aber zu ihr kommen und in das Haus ihrer Gesamtpersönlichkeit integriert werden. Dies wäre der kompensatorische Aspekt des Traumes.

Man könnte der Klientin den Traum also folgendermaßen deuten: Der Traum will ihr deutlich machen, dass Aggressivität durchaus einen konstruktiven Aspekt hat und in der Lage ist, Neues und Hilfreiches zu schaffen. Diese Fähigkeit will ihr zu Bewusstsein kommen und Teil ihrer Gesamtpersönlichkeit werden, als eine Fähigkeit, über die sie bewusst und willentlich verfügen kann. Problematisch ist eher ihre vorherrschende Bewusstseinseinstellung, dass sie diesen Aspekt ihrer selbst ablehnt und als zerstörerisch betrachtet. Insofern kann der Traum ihre Bewusstseinseinstellung kompensieren bzw. korrigieren.

Die Klientin war von dieser Deutung wenig angetan und tat sie zunächst als irrelevant ab. Interessanterweise begann sie allerdings in der Folge, ihren Mann zunehmend mit ihrem Ärger und ihrer Unzufriedenheit zu konfrontieren und den Konflikt mit ihm aktiv auszutragen.

Obwohl Jung selbst immer wieder konstatiert, er habe keine Traumtheorie, lassen sich bei ihm zwei unterschiedliche Traumtheorien feststellen:

1. Der Traum ist eine spontane Selbstdarstellung der Situation der Psyche.
2. Der Traum kompensiert die bewusste Einstellung.

M.E. lassen sich beide Theorien in einer gemeinsamen Fassung zusammenführen: Beide Theorien betonen, dass durch den Traum dem Bewusstsein eine neue – und potenziell heilsame – Information zugeführt wird. Denn auch in der Selbstdarstellungstheorie geht es schließlich darum, dass die Selbstdarstellung aus Sicht des Unbewussten geschieht und damit umfassender ist als die Sichtweise des Bewusstseins. In Übereinstimmung mit Jungs genereller Auffassung, wie sie aus dem Tenor seiner theoretischen Darstellungen hervorgeht, könnte man die Funktion des Traumes folgendermaßen zusammenfassen:

Im Traum wird dem Bewusstsein neue Information zugänglich gemacht. Das Unbewusste als Quelle der Träume verfügt über umfassendere Information als das Bewusstsein und teilt dieses in symbolischer Form dem Bewusstsein durch Träume mit. Je größer die Spannung zwischen dem Stand des Bewusstseins einerseits und der Entwicklungstendenz des Unbewussten andererseits, desto stärker wird der Traum korrigierend oder sogar kritisierend ausfallen. Dabei stellt der Traum in seinen Bildern und Symbolen keine verschlüsselte Information dar, sondern bedeutet das, was er ist. Die Traumsprache ist die Sprache des Unbewussten, die aber, um vom Bewusstsein verstanden und genutzt werden zu können, in eine psychologische Sprache übersetzt werden muss. *Symbol* bedeutet dabei für Jung, dass im Traumbild verschiedene Bedeutungen zusammenfallen (griech. *Symbolein*), also quasi verdichtet sind, und damit gibt jede Deutung immer weniger als den ursprünglichen Informationsgehalt des Traumes wieder. Im Gegensatz zu Freud aber, für den der Traum den eigentlichen unbewussten Inhalt verhüllt (Zensur), ist für Jung der Traum die beste Ausdrucksform für den unbewussten Inhalt – d. h. der Traum enthüllt das Unbewusste.

> »In every instance the dream presents contents which compensate the attitude of ego consciousness. Thus, dreams are neither seen necessarily as a wish fulfillment, nor are they seen as being distorted, disguised, and governed by a censor. It would follow that the dream is not necessarily the guardian of sleep, and that it may just as often awaken the dreamer.« (Kirsch, 1968, S. 153)

Jung geht zusätzlich davon aus, dass diese Funktion des Traumes für die gesamte Persönlichkeit dazu führt, dass dieselben Themen über die Zeit hinweg von den Träumen immer wieder aufgegriffen werden – es sei denn, sie werden analytisch bearbeitet. Dann sollte sich eine Weiterentwicklung abzeichnen, repetitive Themen verschwinden und neue auftauchen.

Es sei an dieser Stelle angemerkt, dass Jung keineswegs der einzige frühe Psychoanalytiker war, der im Gegensatz zu Freuds Wunscherfüllungstheorie eine Kompensationsthese des Träumens befürwortete, in derselben Reihe stehen Adler (1913), Maeder (1913), Schultz-Henke (1949) und Siebenthal (1953) (zit. n. Deserno, 1999).

2.6 Konvergenz freudianischer und jungianischer Traumtheorie

Insgesamt erkenne ich in den dargestellten Entwicklungen eine gewisse Annäherung in der Auffassung von Träumen zwischen der freudschen und der jungschen Schule. So hat schon Erikson (1955) betont, dass es keinen kategorialen Unterschied zwischen latentem Traumgedanken und manifestem Trauminhalt gäbe, wie man früher dachte, was folgerichtig auch die Methodik der Entschlüsselung der Traumzensur obsolet macht. Damit aber ist die psychotherapeutische Traumarbeit der Psychoanalyse schon recht nah an Jungs Auffassung, dass der Traum genau das ausdrücke, was er sage und dass er eine Selbstabbildung der Psyche sei. Insbesondere in Bezug auf Jungs Konzept der Deutung des Traums auf der Subjektstufe schreibt der (freudianische) Psychoanalytiker Ermann (2005):

> »Die Deutung von Träumen auf der Subjektstufe ist ein besonders origineller Beitrag (Jungs) zur Traumlehre. Er hat in den Umgang mit Träumen aller psychoanalytisch begründeten Therapierichtungen Eingang gefunden. [...] Freudianische Psychoanalytiker sind sich oft gar nicht mehr bewusst, dass sie ein jungianisches Konzept benutzen, wenn sie Traummotive als Abbild des Selbst oder von Teilen davon betrachten.« (S. 40)

Dieckmann (1965) weist allerdings darauf hin, dass man diese Idee auch schon bei Freud findet: »Freud, very early on, in his book The interpretation of dreams

(1900), saw that figures or events in dreams could be understood as projections or representations of the ego. This idea was developed later by Stekel into his theory of the functional meaning of dreams, and by Jung into the interpretations of dreams on the subjective level« (S. 66).

Kommunikation in der Beziehung: Allerdings kann innerhalb der Psychoanalyse aufgrund der Pluralisierung ihrer Schulen nicht mehr von einer einheitlichen Auffassung des Traums und der therapeutischen Arbeit mit Träumen gesprochen werden, wozu die neueren Erkenntnisse der neurobiologischen und experimentellen Traumforschung ein Übriges tun. Die Psychoanalytikerin Sellschopp (2006, S. 132) fasst zusammen:

> »Hier hat sich ein Wandel vollzogen, der heute der Bedeutung des Narrativs des Traums im Kontext der therapeutischen Beziehung Rechnung trägt. Deshalb geht es auch nicht nur um die Beschreibung der formalen Eigenarten von Traumsprache, sondern um das Problem von Übersetzung. Gedanken werden im Traum in Bilder umgewandelt, und im Erzählen werden Bilder dann mit Worten beschrieben.«

Hier zeigt sich einerseits eine Parallele zu Jungs Auffassung, dass es um Übersetzung der dem Traum eigenen Bildersprache geht und nicht um Entschlüsselung und Aufdeckung eines durch Zensur entstellten Sinns. Andererseits würde Jung nicht sagen, dass dem Bild im Traum ein Gedanke vorausgeht, vielmehr ist für Jung das Bild das Primäre. Auch zieht Jung, zumindest in seinen theoretischen Abhandlungen dazu, nicht das Erzählen des Traums als eine Kommunikation in der therapeutischen Beziehung in Betracht (Thomä & Kächele, 1996), was in der heutigen Analytischen Psychologie zunehmend als wichtig erachtet wird (Kast, 2006).

Im Grunde kann (und muss) man jeden Traum auch auf der Ebene eines Kommentars zur analytischen Beziehung betrachten (Ermann, 2005; vgl. auch Kast, 2006). In der heutigen psychoanalytischen Traumdeutung wird das als zentral erachtet, was der Traum als eine Kommunikation (des Unbewussten) zur therapeutischen Beziehung und ihrer Fortentwicklung im Rahmen des psychotherapeutischen Prozesses mit Blick auf Änderungen beim Patienten beiträgt.

2.7 Psychotherapeutisches Arbeiten mit Träumen in anderen Therapieschulen

Auch wenn sich die Traumdeutung als eine psychotherapeutische Methode sicherlich zuerst in der Psychoanalyse entwickelt hat, und hier vermutlich auch am häufigsten verwendet wird, so haben doch mittlerweile auch andere Therapieschulen Formen der Arbeit mit Träumen in der Psychotherapie entwickelt bzw. in ihr Methodenarsenal integriert. An erster Stelle ist hier sicherlich die Gestalttherapie zu nennen, die sich allerdings in der Arbeit mit Träumen eng an die psychoanalytischen Methoden anlehnt.

Mittlerweile haben sich sogar in der kognitiven Verhaltenstherapie Ansätze entwickelt, die eine Arbeit mit Träumen und deren Deutung zum Bestandteil des therapeutischen Arbeitens machen; dabei sind diese Ansätze sehr nah an Jungs Technik der Arbeit mit Träumen sowie der aktiven Imagination (Hill & Rochlen, 2004). Als herausragendes Beispiel soll im Folgenden der Ansatz der Psychotherapieforscherin Clara Hill beschrieben werden. Hill ist eine schulenübergreifend arbeitende Psychotherapieforscherin und ihr Interesse an der Thematik von Träumen war in erster Linie, die Wirksamkeit der Arbeit mit Träumen für die Psychotherapie grundsätzlich zu untersuchen. Zunächst entwickelten sie mit ihrer Forschungsgruppe aus bestehenden Ansätzen ein eigenes Modell der Traumarbeit (Cognitive-Experiential Dreamwork), das leicht erlernbar sein sollte (Hill, 1996). Zusammenfassend beinhaltet es:

1. Exploration: Der Traum wird erzählt, Assoziationen zu den Traumelementen werden gesammelt und Verbindungen zum Wachleben werden erfragt.
2. Einsicht: Es wird der Frage ›Was bedeutet der Traum?‹ nachgegangen und unter diesem Gesichtspunkt werden die Verknüpfungen zu Problemen und Erinnerungen des Wachlebens untersucht.
3. Umsetzen: Die so konstruierte Bedeutung des Traums wird zu Handlungsvorschlägen für das Wachleben verarbeitet.

Im Vergleich mit psychoanalytischen Traumtheorien fällt auf, dass rein praktisch diese Methodik doch sehr weit mit den Grundzügen der jungschen Traumarbeit übereinstimmt, auch wenn wichtige Charakteristika der jungschen Arbeit mit Träumen, z. B. Amplifikation und Kompensationsthese, fehlen. Mittlerweile haben Hill und Mitarbeiter aus diesem Ansatz auch ein offenbar effektives therapeutisches Vorgehen für die Behandlung von posttraumatischen Albträumen entwickelt (Spangler & Hill, 2015).

Auch im Personzentrierten Ansatz nach Carl Rogers war es von Anfang an immer wieder üblich, auch über Träume zu sprechen. Allerdings gab es hier weder eine explizite Theorie noch eine ausformulierte Methodik der Traumdeutung. Erst in jüngster Zeit findet man in Lehrbüchern für den Personzentrierten Ansatz explizite theoretische Modelle der Verwendung von Träumen in der Psychotherapie:

> »Das organismische Erleben kann im Traum oft sichtbarer werden als im Wachen, da das Selbstkonzept hier offener für die eigene unbewusste organismische Existenz ist, so dass die Person sich hier oft gewissermaßen selbst voraus ist. Sie ist hier bereits wahrer und eigentlicher als es ihrer eigenen, bewussten Selbstwahrnehmung und Selbstdefinition entspricht. Die Person ist auf dieser (weit gehend nicht bewussten) Ebene des organismischen Selbst oft klüger, zukunftsträchtiger, kreativer und einfallsreicher als auf der Ebene des Bewusstseins bzw. des konzeptuellen Selbst.« (Finke, Deloch & Stumm, 2019, S. 48)

Im Traum könne man das Wirken der Aktualisierungstendenz deutlich erkennen. Da im Schlaf die Person vom Druck der Realitätsanforderungen entlastet ist, könne sozusagen die »Nachtseite« der Person zum Ausdruck kommen – also insbesondere wenig symbolisierte Aspekte der Person, die vom bewussten Selbst-verständnis vernachlässigt werden. Insofern wird im Traum die regulative Funktion der Aktualisierungstendenz, die eine ausgleichende, auf eine ganzheitliche Berücksichtigung aller Aspekte der Person ausgerichtete Wirkung hat, entfaltet. Hier kann also die vernachlässigte Gegenseite, die vom Selbstkonzept ignoriert wird, ihre Botschaft des organismischen Selbst an das Bewusstsein richten. »Der Traum als der Bereich des Fantasmatischen, des irrationalen und des imaginären ist in besonderer Weise die Bühne, auf der die nicht bewusste organismische Existenz zur Darstellung kommen kann« (Finke et al., 2019, S. 49). Konkret werden hierbei Traumereignisse als Darstellungen von Beziehungsereignissen verstanden und die Traumgestalten insofern als reale Personen. Andererseits kann man die in Träumen vorgebrachten Gestalten aber auch als verschiedene Aspekte des Selbst des Träumers ansehen. Der Personzentrierte Ansatz bezeichnet diese beiden alternativen Sichtweisen als Beziehungsperspektive versus Selbstperspektive.

Die Parallelen zur Auffassung Jungs sind offensichtlich; die Autoren beziehen sich hierbei auch explizit auf Jung, machen allerdings ebenfalls Anleihen bei anderen Autoren des humanistischen Ansatzes wie Fritz Perls (Perls et al., 2006) und Eugene Gendlin (1987).

Arbeiten mit Träumen in der Paartherapie: So wie in der Einzeltherapie wird auch in der Paartherapie mit Träumen gearbeitet. In den Jahren 1990 bis 1998 haben Baumgart und Hamburger die sogenannte Traumwerkstatt ins Leben gerufen, die Traumworkshops an Wochenenden für jeweils vier bis acht Paare organisierte (Traumwerkstatt, 1998). Der Ablauf einer Paar-Traumsitzung gestaltete sich folgendermaßen: Ein Teilnehmer stellt einen Traum vor und gibt selbst seine Assoziationen dazu. Dann darf der Partner seine Assoziationen zum Traum hinzufügen und schließlich assoziiert die gesamte Gruppe zu dem beschriebenen Traum und seinen Bildern. Es geht an dieser Stelle weniger um eine Deutung als vielmehr um die persönlichen Einfälle zu den Traumbildern. Die Gruppe bildet so etwas wie einen Resonanzboden für den vorgestellten Traum und seine unbewussten Inhalte, was sich auch in einem szenischen Agieren manifestieren kann. Auf diese Weise wird das Unbewusste mehrerer anwesender Personen für eine Anreicherung und ein Verständnis der Trauminhalte herangezogen.

In ihrem Buch, das aus ihren Erfahrungen in der erwähnten Traumwerkstatt entstanden ist, beschreibt die systemische Therapeutin Roth (2003) anhand von zahlreichen Fallbeispielen ihr Vorgehen in der Einbeziehung von Träumen in der Paartherapie: »Bringt nun ein Partner auf meine Anregung hin einen Traum in die Paartherapie ein, so beginne ich über die Bedeutung des Traums an dieser Stelle der Behandlung Hypothesen zu bilden. Ich versuche den Kontext, in dem ein Traum in die Behandlung eingebracht wird, näher zu beleuchten. Ist der Traum eine Art Waffe gegen den Partner oder ein Friedensangebot? Ist der Traum ein Geschenk an die Therapeutin oder ein Flirtangebot? […] Kann der Traum den Clinch des Paars verstärken oder eher zu seiner Entspannung beitragen? Nachdem ich Hypothesen über den Kontext des Traums entwickelt habe, versuche ich, sie zu überprüfen und dabei den Partner, der keinen Traum eingebracht hat, mit einzubeziehen. Im nächsten Schritt frage ich das Paar, was ihnen zu Details des Traums einfällt und erschließe mir währenddessen, so weit es möglich ist, selbst den Traum. [...]

Manche Träume beschreiben in einer Szene ein typisches Zusammenspiel des Paares, auf das sich einzugehen lohnt. Fast slapstickartig werden Szenen einer Ehe im Traum ausgemalt und man kann in der anschließenden Arbeit mit dem Paar wunderbar damit arbeiten. Bei anderen Träumen wiederum lassen sich Wünsche und Ängste eines Partners in Bezug auf den anderen im Traum erkennen und herausarbeiten. Wieder andere verbergen sich oder den Partner in Symbolisierungen. [...] Ich versuche mit dem Paar herauszufinden, was diese Symbolisierungen bedeuten könnten. Wenn es nötig ist, erkläre ich das Stilmittel der Dramatisierung im Traum, da sonst der Widerstand, sich mit dem Traum zu beschäftigen, zu groß ist. Träumt beispielsweise ein Partner davon, seine Frau umzubringen, so heißt das noch nicht, dass er sie wirklich umbringen will, sondern der erträumte Mord ist eine dramatische Inszenierung eines aggressiven Impulses seiner Frau gegenüber. [...]

Während der Traumbearbeitung in der Paartherapie deute ich den Traum nicht direkt, sondern versuche, mit ihm zu spielen. Damit meine ich, dass ich als Therapeutin den Traum oder Teile des Traums den Partnern wie einen Ball zuspiele und beide dazu anrege, zu ihrem Traum weitere Ideen einzubringen.« (Roth 2003, S. 20f.)

Auch der jungianische Paartherapeut Desteian (1989) beschreibt eine Arbeitsweise der Traumarbeit mit Partnern: Aus der Sicht des Autors spiegeln Träume die Beziehung des Einzelnen zum Seelenbild wider. Das Seelenbild ist in der Paarbeziehung auf den Partner projiziert und die therapeutische Arbeit besteht nun darin, diese Projektion wieder vom Partner abzulösen und sich zu individuieren. Die Traumarbeit dient auch zum Erkennen von Schattenanteilen, die in der Beziehung abgespalten wurden. Die Reintegration geschieht oft im Traum in der Weise, dass der Partner (im Traum) mit diesen Anteilen Kontakt aufnimmt und sie neu und anders bewertet.

3 Die empirische Traumforschung

Es ist interessant festzustellen, dass auch die empirische Traumforschung ihren Beginn durch Anregungen der Psychoanalyse hatte, nämlich bereits 1917 durch Otto Pötzl an der Psychiatrie in Wien (vgl. Berner et al., 2018). Diese Laborforschung wurde unter anderem von dem Psychoanalytiker Leuschner (1999) in Frankfurt fortgeführt.

Ausgehend von der Entdeckung, dass Traumschlaf beim Schläfer durch schnelle Bewegungen der Pupillen hinter den geschlossenen Lidern erkannt werden kann (*rapid eye movement*: REM), ermöglichte dies einen empirischen Zugang zu Träumen. Denn immer dann, wenn Probanden aus dem REM-Schlaf geweckt wurden, berichteten sie danach durchwegs intensive Träume (Aserinsky & Kleitman, 1953). In der Folge entwickelte sich eine intensive und mittlerweile sehr umfangreiche empirische Traumforschung, deren Ergebnisse vor allem in den zwei führenden Fachzeitschriften »Dreaming« und »International Journal of Dream Research« verfolgt werden können. Nach einer anfänglichen Phase der erklärten Gegnerschaft der empirischen Traumforscher zur Psychoanalyse kann spätestens seit den 1970er Jahren eine deutliche Wende beobachtet werden: Zunehmend werden die psychoanalytischen Konzepte ernst genommen und nicht mehr a priori als unwissenschaftlich abgelehnt. Beginnend schon in den 1960er Jahren übernehmen gar empirische Traumforscher psychoanalytische Konzepte in ihre eigenen Konzeptionen und überprüfen diese systematisch (z. B. Hall & Van De Castle, 1966). In neueren Überblicksarbeiten zur Traumforschung fehlt selten ein würdigender Hinweis auf Beiträge der Psychoanalyse zur Erklärung des Traumes (vgl. z. B. Schredl, 2007). Zudem betreiben mittlerweile auch eine Reihe von Psychoanalytikern systematisch empirische Traumforschung (z. B. Kramer & Glucksman, 2015).

3.1 REM-Schlaf ist wichtig für den Organismus

In der Folge der Entdeckung des REM-Schlafes und seiner Verbindung zum Träumen wurde in der dazugehörigen Forschung ein Modell der sogenannten Schlafarchitektur entwickelt (▶ Abb. 3.1). In diesem Modell wechseln sich Phasen von mehr oder weniger traumlosem Tiefschlaf mit REM-Schlafphasen ab, diese letzteren nehmen zum Morgen hin zu.

3 Die empirische Traumforschung

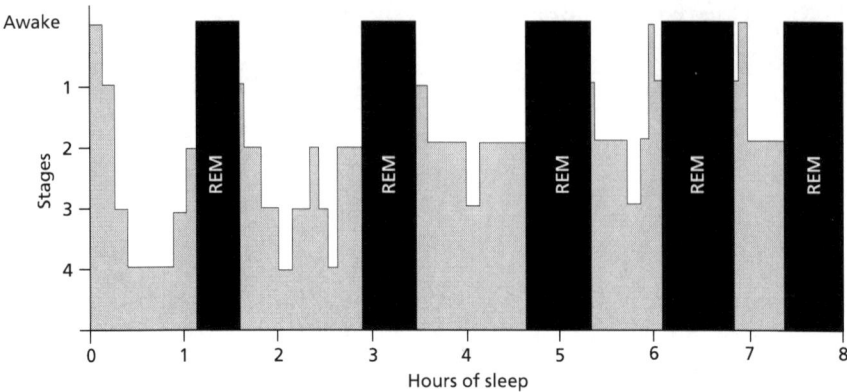

Abb. 3.1: Schlafarchitektur (Laubscher, 2006)

Dieses Modell liefert für unsere Fragestellungen schon einmal eine wichtige Erkenntnis: Bevor man träumen kann – also bevor eine REM-Schlaf Phase erlebt wird) – muss zuvor eine Phase von Tiefschlaf durchlaufen werden. Insofern könnte man sagen, nicht der Traum ist Hüter des Schlafes, sondern der Schlaf ist Voraussetzung für das Träumen. Dies würde Freuds Auffassung zunächst einmal widerlegen. Darüber hinaus übernimmt der REM-Schlaf offenbar für den Organismus eine wichtige Funktion.

Hartmann (1973) stellte nämlich in seinen systematischen Studien fest, dass REM-Schlaf-Entzug Reizbarkeit, Konzentrationsschwierigkeiten, Probleme im zwischenmenschlichen Kontakt sowie mit der Impulskontrolle zur Folge hatte. Manche Probanden fühlten sich allerdings sogar besser unter REM-Schlaf-Entzug. Dieses Phänomen kennt man insbesondere bei depressiven Patienten. Auch wenn der REM-Schlaf-Entzug also keine so gravierenden Folgen hat, wie man ursprünglich annahm, so finden sich doch bei zahlreichen Probanden psychische Einschränkungen und Belastungen nach mehreren Nächten REM-Schlaf-Deprivation – offenbar gibt es hier große interindividuelle Unterschiede. Auch ist es so, dass der Organismus nach einigen Tagen Entzug den verlorenen REM-Schlaf nachholt (REM-Rebound), was darauf hinweist, dass der Organismus ein biologisches Bedürfnis nach Traumschlaf hat. Für diese Annahme spricht auch die Tatsache, dass REM-Schlaf den Organismus anstrengt, also viel Energie verbraucht. Es wäre biologisch sinnlos, eine so anstrengende Aktivität nachzuholen, wenn sie nicht für das Funktionieren des Organismus wichtig wäre (vgl. Werner & Langenmayr, 2005).

3.2 Aktivierungs-Synthese-Theorie

Hobson und McCarley (1971, 1977) entdeckten eine Region im oberen Hirnstamm, die den Wechsel von REM- und Non-REM-Schlaf steuert. Sie entwickelten in erklärter Abgrenzung zu psychoanalytischen Konzepten ihre »Aktivierungs-Synthese-Theorie«, wonach vom Hirnstamm charakteristische Erregungswellen ausgehen, welche die Zentren für Sehen, Hören und Bewegung im Gehirn aktivieren. Der Kortex versuche, sich auf diese Zufallsaktivierungen einen Reim zu machen, und das Ergebnis seien die erlebten Träume. Damit sei erwiesen, dass Träume keinen Sinn hätten. Diese Theorie war in den folgenden fast zwei Jahrzehnten bestimmend in der Schlaf- und Traumforschung. Heißt das nun, dass der Traum keinerlei Bedeutung für das psychische (Wach-)Leben hat?

3.3 Träume sind keine Schäume

Die Aktivierungs-Synthese-Theorie von Hobson und McCarley (1971, 1977), der zufolge Träume aus sinnlosen Zufallsaktivierungen des Gehirns hervorgehen, gilt mittlerweile in der empirischen Schlaf- und Traumforschung als widerlegt, unter anderem weil festgestellt wurde, dass auch außerhalb des REM-Schlafs geträumt wird (Foulkes, 1982a) und dass viel mehr Hirnregionen an der Auslösung von Träumen beteiligt sind, als nur der Hirnstamm. Dies wurde vor allem durch Solms (1977) Traumstudien an Hirngeschädigten belegt. Er konnte zeigen, dass je nachdem, welche Hirnregionen geschädigt waren, Traumtätigkeit und REM-Schlaf unabhängig voneinander auftreten, Träume also in verschiedenen Zentren produziert werden (für eine Übersicht über die Debatte zwischen Hobson und Solms siehe Solms, 2013b).

Solms neuropsychoanalytische Traumtheorie

Der durch cholinerge Hirnstamm-(Pons-)Mechanismen kontrollierte REM-Schlaf kann den psychologischen Vorgang des Träumens nur durch die Vermittlung eines zweiten, dopaminergen Mechanismus des Vorderhirns generieren. Solms wies nach, dass Träumen unabhängig von REM-Frequenz, Dauer und Dichte durch dopaminerge Agonisten und Antagonisten manipuliert und durch Vorderhirn-Stimulation während Nicht-REM Schlafphasen ausgelöst werden kann. Er kommt zum Schluss, dass der »»REM-on‹ mechanism (like its various NREM equivalents) therefore stands outside the dream process itself, which is mediated by an independent, forebrain ›dream-on‹ mechanism« (S. 843). Durch diese – an Freuds Aphasie-Forschung angelehnte – klinisch-anatomische Beweisführung konnte Solms (2011) die oben erwähnte

These widerlegen, dass Träumen der Versuch des Gehirns ist, sinnlosen Erregungsgewittern aus dem Hirnstamm einen Sinn zu geben und insofern also nachweisen, dass Träume nicht sinnlos sind.

Solms (1999, 2000, 2011) Ergebnisse weisen darauf hin, dass unser Träumen mit dem mesolimbischen Belohnungssystem zusammenhängt. Die Ausschüttung von Dopamin in diesem Regelkreis regt an, unserer Neugier und Sehnsucht nachzugeben und eine belohnungsverheißende Aktivität zu wiederholen. Wenn diese Dopamin-Ausschüttung eine grundlegende Voraussetzung zum Träumen ist, wird dadurch die Funktion einer tiefen Wunschbefriedigung (in Anlehnung an Freud) des Organismus für einen inhärenten Prozess wie dem Träumen erfüllt, aber ohne unser willentliches wachaktives Zutun im Sinne von zielorientiertem motiviertem Verhalten (vgl. Solms' Definition weiter oben: »[M]otivated behavior is precluded during sleep« (Solms, 2011, S. 540)). Genau das wird verunmöglicht, weil der Zugang zum motorischen System während des Schlafens blockiert ist. Stattdessen läuft das Motivationsverhalten nur in der Vorstellung ab. Gleichzeitig ist im Vorderteil des limbischen Systems das Reflexionsvermögen während des Schlafens lahmgelegt, sodass die visualisierten Traumszenen unkritisch akzeptiert und von den Träumenden als reale Wahrnehmungen fehlinterpretiert werden. Der Traum-Mechanismus ist ein zweistufiger regressiver Prozess: Zuerst werden die höheren Hirnregionen des perzeptuellen Systems, welches Gedächtnisleistungen und abstraktes Denken ermöglichen, an der okzipitalen-temporalen-parietalen Schnittstelle (*sulcus lateralis*) aktiviert, dann die tieferen Regionen, die konkrete Bilder liefern. Der Wahrnehmungsprozess in Träumen würde somit rückwärts ablaufen: Abstraktes wird umgewandelt in konkrete Wahrnehmung (Solms, 1999).

Zudem steht der behauptete Zusammenhang zwischen Augenbewegungen und Träumen in Frage. Es zeigte sich nämlich, dass nicht nur REM-Schlaf Traumschlaf ist, sondern während des gesamten Schlafs mentale Aktivitäten stattfinden (Foulkes, 1982a). Auch wenn sie etwa 20% des Traumschlafes ausmachen, haben die sogenannten Non-REM-Träume einen anderen Charakter als REM-Träume: Sie sind weniger fantastisch und ähneln mehr dem geordneten Denken im Wachzustand, sie fördern nicht die Kreativität, aber sie unterstützen Lernen und Gedächtniskonsolidierung. Auch zeigen sich in REM- versus Non-REM-Träumen unterschiedliche Aspekte der Persönlichkeit (Vedfelt, 2017).

Diese Erkenntnisse sind in einem neuen Modell zusammengeflossen: Hier werden nicht mehr zwei, sondern drei unterschiedliche Bewusstseinszustände unterschieden, nämlich Wachzustand, REM-Schlaf (Traum) und Non-REM-Schlaf (Tiefschlaf, wobei auch hier Träumen stattfindet). Das oben aufgeführte Modell der Schlafarchitektur würde implizieren, dass man beim Träumen weniger tief schläft als im sogenannten Tiefschlaf, was tatsächlich empirisch nicht stimmt: Es ist relativ schwierig, einen Träumenden zu wecken. In dem neuen Modell werden die drei Bewusstseinszustände anhand dreier Dimensionen unterschieden: Aktivierung, sensorischer Input und die vorherrschenden Neurotransmitter. Das faszinierende Ergebnis ist, dass Träumen ein eigener Bewusstseinszustand ist, der nicht mit Schlaf gleichgesetzt werden kann. Hinsichtlich der mentalen Aktivierung ist Träumen völlig mit dem Denken im Wachzustand vergleichbar, basiert allerdings auf anderen vorherrschenden Neurotransmittern und verarbeitet insbesondere keinen sensorischen Input von außen, sondern ausschließlich aus dem Inneren des Organismus – insbesondere Letzteres würde die psychoanalytischen Auffassungen zum Traum unterstützen.

Man geht heute davon aus, dass sich die mentale Aktivität im Schlaf fortsetzt und hier weiterhin Erfahrungen aus dem Wacherleben verarbeitet werden, nur sind daran im Schlaf andere Hirnregionen und -funktionen beteiligt als im Wachzustand. »Frühere Behauptungen, dass Trauminhalte rein zufällig entstehen und keinen Zusammenhang zur Wacherlebenswelt des Träumenden haben, sind heute nicht mehr haltbar«, konstatiert einer der führenden deutschsprachigen Traumforscher (Schredl, 2006, S. 50).

3.4 Kontinuität zwischen Wachen und Träumen

Stattdessen wird eine generelle Kontinuität zwischen der mentalen Tätigkeit im Wachleben und im Traumschlaf angenommen. Diese so genannte Kontinuitätstheorie von Wachen und Träumen stellt sogar eine der bedeutendsten Theorien in der heutigen Traumforschung dar und gilt als gut belegt (Schredl, 2015). Das bedeutet, dass sich die Art des mentalen Funktionierens einer Person im Traum nicht grundsätzlich von der im Wachzustand unterscheidet. Diese Kontinuitätshypothese wurde erstmals von Hall und Nordby (1972) auf der Basis ihrer inhaltsanalytischen Untersuchungen von Traumserien (siehe unten) formuliert: »Die Wünsche und Ängste, die unsere Handlungen und Gedanken im Alltagsleben bestimmen, bestimmen auch worüber wir träumen werden« (S. 104). Interessanterweise führen diese Autoren auch Freud als Befürworter dieser These auf, nämlich durch Verweis auf seine Theorie der Tagesreste, denen zufolge Erlebnisse des vorangegangenen Tages Kristallisationspunkte für die Träume der Nacht darstellen. Diese Hypothese ist mittlerweile durch eine ganze Reihe von empirischen Studien unterschiedlicher Traumforscher gut gestützt (für Übersichten siehe Domhoff, 1996; Schredl, 2015). Es wurde sogar ein mathematisches Modell berechnet, mit dem man den Zusammenhang zwischen Ereignissen des Tages und der Wahrscheinlichkeit ihres Auftretens in den Träumen der darauffolgenden Nacht bestimmen kann (Schredl, 2003).

Konkret bedeutet dies auch, dass sich bei Personen mit psychischen Störungen diese psychischen Besonderheiten parallel im Traum abbilden, zum Beispiel haben depressive Patienten signifikant häufiger »masochistische« Themen in ihren Träumen als gesunde Probanden. Es lässt sich sogar ein enger quantitativer Zusammenhang feststellen: Bei depressiven Patienten korreliert die Schwere ihrer depressiven Symptome direkt mit der Intensität negativ empfundener Emotionen im Traum und verändert sich parallel zur Verbesserung des emotionalen Zustandes im Rahmen einer Therapie (Schredl, 2015). Die Präsidentin der Internationalen Gesellschaft für Traumforschung, Deirdre Barrett, fasst dies folgendermaßen zusammen: »I believe that dreams are just thinking in a very different biochemical and electrophysiological state« (Barrett, 2015, S. 91).

3.5 Sinnvolle Zusammenhänge zwischen Wachleben und Trauminhalt

Während, ausgehend von der Entdeckung des REM-Schlafes, die empirische Traumforschung vor allem psychophysiologisch ausgerichtet war, fokussierten Ende der 1970er Jahre erste Forschungsarbeiten auf Inhalt und Bedeutung des Traumes. Kramer, Hlasny, Jacobs und Roth (1976) untersuchten mit einem Sortierungsverfahren, ob Träume bedeutungsvoll sind. Sie kamen zu dem klaren Ergebnis, »that dreams are, as depth psychologists have assumed, orderly nonrandom events and that they reflect day-to-day changes in the life of an individual« (S. 780). In ihrer Übersichtsarbeit zur Traumforschung fassen Kramer und Glucksman (2015) die aktuelle Position der empirischen Traumforschung sogar folgendermaßen zusammen: »Die grundlegende Annahme in der Traumforschung ist, dass Träumen eine veränderte Form des Bewusstseins unter den speziellen Bedingungen des Schlafes darstellt. Wir glauben, auf der Basis umfangreicher empirischer Evidenz, dass der Traumbericht die Psychologie des Träumers wiedergibt, und zwar sowohl aktuelle als auch langfristige Aspekte des emotionalen Zustands des Träumers, d. h. sowohl in Bezug auf aktuelle Zustände als auch Persönlichkeitseigenschaften. […] Träume sind geordnete und nicht zufällige Ereignisse, so dass die Möglichkeit existiert, dass sie Bedeutung haben.« (S. XII; Übers. d. A.)

Fisher und Greenberg (1977, 1996) führen in ihren groß angelegten Übersichtsarbeiten zur empirischen Überprüfung von Freuds Theorie eine Fülle an empirischen Erkenntnissen auf, die einen Zusammenhang zwischen dem Wachleben und der Traumaktivität der Person belegen:

- Menschen, die Naturkatastrophen erlebt haben, haben häufiger Albträume.
- Schwangere Frauen träumen signifikant häufiger von Babys als nicht schwangere.
- Es gibt viele Parallelen zwischen den Ergebnissen projektiver Tests und den manifesten Trauminhalten.
- Werden Probanden im Schlaflabor vor dem Einschlafen unterschiedlichen Fremdsprachen ausgesetzt, finden sich diese systematisch in den Träumen wieder.

Dies sind nur einige Beispiele. Der empirische Traumforscher Foulkes (1982a, S. 312) schreibt: »Niemand, der Erfahrung im Sammeln, Erforschen und Deuten von Träumen hat, kann daran zweifeln, dass Träume häufig die Grundbefindlichkeit einer Person ausdrücken und ihre Probleme sichtbar machen«.

Auch Ermann (2005, S. 66) stellt zusammenfassend fest: »Vor diesem Hintergrund spricht alles dafür und nichts dagegen, den Träumen psychologische Motive zu unterstellen und ihnen einen Sinn beizumessen, der ihren psychotherapeutischen Wert bestätigt.« In seiner Überblicksarbeit zur experimentellen Traumforschung fasst Schredl (2006) die empirischen Ergebnisse zum Zusammenhang zwischen Wach- und Traumerleben zusammen. Demnach tauchen Personen, die am Vortag im Wachleben der Träumenden eine Rolle spielten, signifikant häufiger im Traum auf als andere Ereignisse, die länger zurücklagen. Insbesondere Ereignisse im Wachleben, die für die Betreffenden einen realen Stress darstellten (d. h. nicht experimentell induziert waren), erschienen häufig als Trauminhalte, z. B. bevorstehende Operationen, eine Scheidung oder eine Entführung. Insgesamt erhöht die emotionale Beteiligung die Wahrscheinlichkeit, von einem Wachereignis zu träumen, beispielsweise die Ablehnung von Nahrung in den Träumen von Anorexie-Patientinnen. Generell spiegelt der Traum also Ereignisse des Wachlebens wider, insbesondere wenn sie für die Person emotional bedeutsam sind. Vedfelt (2017) fasst dies in seiner Übersichtsarbeit folgendermaßen zusammen: »Dreams deal with matters important to us« (S. 46).

Andersherum wirken sich Träume wiederum auf das Wachleben aus. Die häufigste Auswirkung ist die Beeinflussung der Stimmung am nächsten Tag (Schredl, 2000). In einer interessanten Tagebuchstudie, die sehr ähnlich angelegt war wie die übliche Praxis des Führens eines Traumtagebuchs in der analytischen Psychotherapie, konnten Köthe und Pietrowsky (2001) zeigen, dass Ängstlichkeit, Konzentrationsfähigkeit und Selbstwertgefühl nach Nächten mit Albträumen deutlich beeinträchtigt waren. Albträume waren dabei definiert als Träume mit stark negativem Affekt, die zum Erwachen führen. Andererseits konnten neuere Arbeiten zeigen, dass Albträume eine positive Wirkung auf Coping-Strategien im Wachzustand und somit auch günstige Auswirkungen haben können (Picchioni & Hicks, 2009).

3.6 Die Funktion von Träumen

Es gibt mehrere Theorien von empirischen Traumforschern, die dem Träumen eine adaptive Funktion für die Psyche zuschreiben (Moffitt, Kramer & Hoffmann, 1993). In ihrer Mastery-Hypothese schlagen Wright und Koulack (1987) vor, dass die kognitive Aktivität beim Träumen gleicher Art ist wie die im Wachleben und dass im Traum Problemlösungen gesucht werden.

Da man nachweisen kann, dass die Morgenstimmung weniger variiert als die Abendstimmung, besagt die Theorie der Stimmungsregulierung (Kramer & Hoffmann, 1993), dass das Träumen emotionale Erlebnisse verarbeitet und die Stimmung ausgleicht (Kuiken & Sikora, 1993). In der Theorie von Hartmann (1996) wird angenommen, dass das Träumen eine andere Art der Informationsverarbeitung erlaubt: Da im REM-Schlaf das divergente Denken mit weiter reichenden Assoziationen vorherrscht, seien hier eher kreative Lösungen möglich als im aufgabenbezogenen konvergenten Denken des Wachzustandes. Dass im REM-Schlaf tatsächlich ein Modus weiter reichender Assoziationen vorherrscht, konnten Spitzer, Walder und Clarenbach (1993) experimentell bestätigen.

In seinen Studien zur Verarbeitung von Traumata in Träumen konnte Hartmann (1998) zeigen, dass die Trauminhalte anfangs völlig vom Trauma bestimmt sind, dann aber zunehmend symbolisiert werden und das Träumen tatsächlich eine autotherapeutische Funktion hat. Die Leistung der Träume bestehe darin, unbewältigte Affekte so in einen Kontext aus Erfahrungswissen einzubauen, dass die posttraumatischen Affekte abgemildert werden.

3.6.1 Gedächtniskonsolidierung

Empirische Studien weisen zunehmend darauf hin, dass insbesondere der REM-Schlaf essenziell für die Bildung und Festigung von Gedächtnisinhalten und somit mittelbar eine Voraussetzung für das Funktionieren des Bewusstseins ist (Hallschmid & Born, 2006). In einer berühmten Studie von Crick und Mitchison (1983) wurde zusätzlich die These aufgestellt, dass der Traum vor allem für das Vergessen von irrelevanten Informationen wichtig ist und somit eine entscheidende Bedeutung für die Funktionsfähigkeit des Bewusstseins hat.

> »Im Zentralnervensystem werden dieselben neuronalen Netzwerke sowohl für die Speicherung als auch für die akute Verarbeitung von Reizen genutzt. Da diese Netzwerke nicht gleichzeitig frisch enkodierte Gedächtnisinhalte konsolidieren und externe Reize akut verarbeiten können, findet der eigentliche Konsolidierungsprozess im Schlaf statt. Der Schlafzustand bietet optimale Bedingungen, um frisch enkodierte Gedächtnisspuren ›offline‹ erneut zu prozessieren, zu stabilisieren und in Langzeitgedächtnisinhalte zu integrieren. Neuropsychologisch können verschiedene Gedächtnissysteme abgegrenzt werden, die unterschiedliche Informationen speichern und in verschiedener Weise vom Schlaf beeinflusst werden. Eine Reihe von Studien zeigt, dass die vom Hippocampus abhängige deklarative Gedächtnisbildung vor allem von Schlafperioden profitiert, in denen der Deltaschlaf überwiegt. Die prozedurale und auch die emotionale Gedächtnisbildung, die nicht hippocampal vermittelt werden, scheinen dagegen stärker in REM-Schlaf reichem Schlaf unterstützt zu werden. Der Gedächtniskonsolidierung im Schlaf liegt wahrscheinlich eine verdeckte Reaktivierung jener neuronalen Netzwerke zugrunde, die bereits im Wachzustand für die Enkodierung der entsprechenden Informationen genutzt worden sind.« (Hallschmid & Born, 2006, S. 101)

3.6.2 Emotionsregulation

Wie erwähnt haben Träume eine zumindest am Morgen noch deutlich spürbare stimmungsausgleichende Wirkung; offenbar regulieren sie Affekte und Emotionen. Rüther und Gruber-Rüther (2000; vgl. auch Rodenbeck, Gruber-Rüther & Rüther, 2006) versuchen, die Affektverarbeitung im Traum in einen theoretischen Rahmen zu stellen. Sie gehen dabei von der Tatsache aus, dass es während des REM-Schlafes zu einem völligen Erliegen des hemmenden Einflusses serotonerger

Verbindungen auf den frontalen Kortex kommt, wodurch dessen zentrale und ordnende Kontrolle geschwächt wird. Dies bewirkt eine assoziative Lockerung der Hirnfunktionen, wodurch bestehende affektive Muster abgerufen und durch die hohe Austauschbarkeit einzelner Affekte neue Muster spielerisch erprobt werden können. »Bei erfolgreichem Ausprobieren neuer Affektmuster im Traumgeschehen können alte Muster überschrieben und stattdessen neue Affektmuster ausgewählt und neuronal fixiert werden« (Rodenbeck et al., 2006, S. 121).

Cartwright (1996) stellte fest, dass Frauen, die nach ihrer Scheidung häufiger als andere von ihrem Ex-Mann geträumt hatten, nach einem Jahr psychisch gesünder waren als die Restgruppe. In einer weiteren Studie konnten Cartwright, Luten, Young, Mercer und Bears (1998) zeigen, dass dem Schlaf eine affektstabilisierende Wirkung zukommt: Bei gesunden Probanden mit einem höheren abendlichen Depressionsscore dominierten negative Affekte in der ersten Nachthälfte; die zweite Nachthälfte war eher von positiven Affekten bestimmt. Damit entfaltet der Schlaf, insbesondere der affektreiche Traumschlaf, also der REM-Schlaf, eine heilsame Wirkung bei leichteren Stimmungsverschlechterungen. Erklärbar wäre dies mit einem der obigen Affekt-Hypothese ähnlichen Mechanismus, wonach der negative Affekt im Traum verarbeitet werden kann, indem darin neue positive affektive Muster erprobt und bei Erfolg verfestigt werden. In die gleiche Richtung weisen Studien, die, wie bereits erwähnt, zeigen, dass Albträume eine positive Wirkung auf Copingstrategien im Wachzustand haben (Picchioni & Hicks, 2009). Auch Cartwright (1991, 2005) fasst ihre langjährigen Studien dahingehend zusammen, dass Träume eindeutig eine stressreduzierende, emotionsregulierende und bewältigungsfördernde Funktion haben. In einer Übersichtsarbeit über den Forschungsstand zur emotionsregulierenden Funktion von Träumen stellen Nielsen und Lara-Carrasco (2007, S. 274) fest: »In sum, evidence from a variety of types of studies supports the notion of an emotion regulation function of dreaming and the more specific suggestion that dream characters and their emotion-laden interactions with the dream self may mediate this regulatory effect«.

Hartmann (1995,1998), der sich mit der autotherapeutischen Funktion des Traumes bei Traumatisierung beschäftigt hat, gilt als einer der stärksten Vertreter dieser Hypothese. Hartmann zeigt, dass in der Zeit kurz nach dem traumatischen Ereignis, dieses im Traum gleich einem Film wieder erlebt wird und das Ereignis im Traum unverändert erscheint. Einige Zeit nach dem Ereignis jedoch kommt es zu Veränderungen im Traum: Der Ort oder die beteiligten Personen werden verändert und schließlich werden die realen Ereignisse teilweise durch symbolische Darstellungen ersetzt. Hartmann nimmt an, dass der Traum bei diesen Veränderungsprozessen hilft, indem er die Emotionen kontextualisiert, d. h. im Traum, an einem sicheren Ort (vergleichbar dem *vas hermeticum* der jungschen Psychologie, vgl. Vedfelt, 2017), an dem kein neuer sensorische Input stattfindet, werden neue Verbindungen erstellt und die heftige Emotionalität damit beruhigt und integriert.

Nielsen und Levin (2007) nehmen sogar an, dass es eine Angst-Löschungsfunktion in Träumen gibt. Im Traum gibt es einerseits eine erhöhte Zugänglichkeit zu angstvollen Erinnerungen, die aber dann normalerweise im Traum reorganisiert und mit nicht ängstigenden Eigenschaften kombiniert werden. In Albträumen versagt diese Funktion.

3.6.3 Threat Simulation Theory (TST)

In den letzten Jahren wurde eine neue Theorie prominent, die insbesondere von Revonsuo, Tuominen und Valli (2015) ausgearbeitet wurde. Diese Theorie geht von der universellen Verbreitung bestimmter Typen von Albträumen aus und nimmt an, dass Träume typische Gefahren in der Welt des frühen Menschen simulieren, um den Träumer auf die Bewältigung entsprechender Gefahrensituationen vorzubereiten (daher der Name »Bedrohungs-Simulations-Theorie«). Träumen wird hier verstanden als eine evolutionär bedingte kognitive Fähigkeit, die Menschen in die Lage versetzt, auch im Schlaf die Bewältigung bedrohlicher Situationen vorwegzunehmen und zu üben. Dies könnte wiederum recht gut erklären, warum Träume häufig Bedrohungssituationen enthalten, in denen auch bizarre Elemente wie bedrohliche Tiere oder Monster vorkommen, die längst nicht mehr Teil der Lebenswirklichkeit moderner Träumer sind. Auch andere Autoren vertreten die These, dass die Funktion des Träumens darin besteht, uns ein Experimentier- und Lernfeld zur Verfügung zu stellen, um unsere körperlichen, intellektuellen und sozialen Fähigkeiten mental zu simulieren, zu stimulieren und uns somit psychologisch zu wappnen für das, was uns im realen Leben (meist in abgeschwächter Form) begegnet. Vor diesem Hintergrund wird dann auch argumentiert, dass der Traumtyp, bei dem das Traum-Ich bedroht oder angegriffen wird, einen universellen Prototyp menschlicher Träume darstellt (siehe dazu auch die Erkenntnisse im Rahmen des Projekts »Strukturale Traumanalyse«, (▶ Kap. 6.4).

3.6.4 Förderung von Einsicht

Die spezifische Frage, ob (Traum-)Schlaf Einsichten fördert, untersuchten Wagner, Gais. Haider, Verleger und Born (2004). In ihrem Experiment mussten die Probanden eine sogenannte Number-Reduction-Aufgabe bearbeiten, bei der es eine versteckte Regel zu erkennen gilt. In einer Trainingsphase arbeiteten sich die Probanden in die Aufgabe ein. Diese Phase war zwar zu kurz, um die relativ komplexe verborgene Regel erkennen zu können, erzeugte aber eine mentale Repräsentation der Aufgabe im Gedächtnis. Die Experimentalgruppe schlief dann etwa acht Stunden, während zwei Kontrollgruppen wach blieben. Nach zehn Stunden mussten weitere Blöcke der Aufgabe bearbeitet werden. Es zeigte sich, dass in der Experimentalgruppe mehr als doppelt so viele Probanden Einsicht in die verborgene Regel erlangt hatten als in den Kontrollgruppen. Aufgrund des Experimentes kann man schlussfolgern, dass Schlaf mehr bewirkt als nur eine Stärkung von Gedächtnisspuren; er führt zu einer Restrukturierung der mentalen Repräsentationen. Es konnte also nachgewiesen werden, dass die verbesserte Einsichtsfähigkeit nicht dadurch zustande kam, dass das Gehirn sozusagen im

Schlaf die Aufgabe weiter geübt hatte, sondern dadurch, dass im Schlaf offenbar eine kombinatorische Leistung zumindest vorbereitet wurde: »Diese Reaktivierung [der Gedächtnisinhalte im Schlaf, Anm. d. Verf.] kann zu einer Restrukturierung und damit zu einer qualitativen Veränderung der entsprechenden Gedächtnisrepräsentation führen« (Hallschmid und Born, 2006, S. 101). Dies wäre ein deutlicher Beleg dafür, dass im Traum größere und auch unbewusste Bereiche der Psyche koordiniert zusammenarbeiten können und so eine größere Informationsmenge bzw. Verarbeitungskapazität zur Verfügung steht als im Wachbewusstsein, womit auch deutlich kreativere Einsichten möglich sind. Es ist nachweisbar, dass im Traum mehr Hirnsysteme gleichzeitig aktiv sind als im Wachzustand (McCarley & Hobson, 1979). Für eine neuere Übersicht über diesen Aspekt siehe Edwards, Ruby, Malinowski, Bennett und Blagrove (2013).

3.6.5 Problemlösen

Auch ein Zusammenhang zwischen der REM-Schlaf-Menge und der Fähigkeit, neue oder schwere Aufgaben zu lösen, konnte nachgewiesen werden (Fiss, 1979). REM-Schlaf festigt wichtige kognitive Funktionen wie Lernen, Problemlösen, Gedächtnis und Coping-Mechanismen. Bisher wurde allerdings nur von De Koninck et al. (2003) nachgewiesen, dass man auch von davon träumen muss, was es zu lernen gilt, damit die gedächtniskonsolidierende und einsichtsfördernde Wirkung zustande kommt.

Es lässt sich also festhalten: Alle neueren empirisch basierten Traumtheorien sehen den Traum als eine informationsverarbeitende Aktivität an, die nicht zufällig, chaotisch oder sinnlos, sondern regelgesteuert abläuft. Träume hängen nicht nur mit Erlebnissen und Problemstellungen des Wachlebens zusammen, sie bearbeiten diese auch in einer zielgerichteten und offenbar nutzbringenden Weise. Der Traumforscher Hall (1966) fasst diese Erkenntnis prägnant zusammen: »Dreaming is essentially a creative process, [...] the product of good hard thought« (S. 57).

3.6.6 Träumen und Kreativität

Eine der wichtigsten Aussagen Jungs zum Traum war, dass er die Kreativität fördere und schöpferische Impulse an das Bewusstsein herantrage, zu denen das Bewusstsein allein nicht fähig wäre. Jung erwähnte hier gern das Beispiel des Chemikers Kekulé, der nach eigener Aussage die Struktur des Benzolrings durch ein Traumbild erkannt habe, in welchem die Moleküle in einem Kreis miteinander tanzten. Dieses Beispiel wird heute allerdings in Frage gestellt, denn Kekulé hat diesen Traum erst viele Jahre nach seiner Entdeckung berichtet (vgl. Schredl, 2006). Es gibt aber zahlreiche andere, gut belegte Beispiele für die Förderung der Kreativität durch Träume. So ist von zahlreichen Künstlern, darunter Salvador Dalí, Ingmar Bergmann, Carlos Saura und Federico Fellini, bekannt, dass sie Träume in ihrer Kunst umsetzten. Paul McCartney hat die Melodie des Beatles-Songs »Yesterday« im Traum gehört und war zunächst überrascht, dass es keine bekannte Melodie war. In den Wissenschaften wurde die Struktur des Periodensystems, die Erfindung der Nähmaschine sowie die Dechiffrierung der babylonischen Keilschrift durch Träume angeregt (Schredl, 2006).

Neben diesen Einzelfallberichten gibt es auch systematische empirische Studien zum Anteil der Träume an der Kreativität. Kreativität meint hier, im Traum eine Idee zu erhalten, die Auswirkung auf das Wachleben hat, z. B. eine Änderung des eigenen Verhaltens. Kuiken und Sikora (1993) sowie Schredl (2000) berichten, dass in studentischen Stichproben 20–28% der Teilnehmer angaben, mindestens zweimal pro Jahr kreative Anstöße aus Träumen zu erhalten. In einer weiteren Studie (Schredl, 2006) enthielten 7,8% aller dokumentierten Träume ein kreatives Element, wobei bestimmte Persönlichkeitseigenschaften, wie die Traumerinnerungsfähigkeit, die visuelle Vorstellungskraft und »dünne Grenzen« der Person (geringer Reizschutz und Abgrenzungsfähigkeit), das Auftreten und die Nutzung von kreativen Traumelementen offenbar fördern. Ein Beispiel für einen kreativen Anstoß für eine Problemlösung, die in dieser Untersuchung berichtet wurde, lautet: »Mein PC war kaputt und ich träumte davon, wie ich ihn am besten reparieren könnte. Ich wachte am nächsten Morgen auf und es war klar, wie ich ihn wieder zum Laufen kriegen konnte« (Schredl, 2006, S. 61). Aufgrund seiner Studien empfiehlt Schredl sogar: »Gerade in kreativen Berufen oder zum Beispiel auch bei komplexen motorischen Fertigkeiten könnte ein gezieltes Trainieren im Traum sich nützlich auf das weitere Wachleben auswirken« (S. 61). Die Traumforscherin Barrett (2001), weit davon entfernt, eine Anhängerin psychoanalytischer Traumtheorien zu sein, hat eine umfangreiche Zusammenstellung von Geschichten und Erfahrungsberichten über traumbasierte kreative Problemlösungen in Wissenschaft und Kultur vorgelegt. Als empirische Forscherin hat sie selbstverständlich nur Berichte ausgewählt, deren Glaubwürdigkeit überprüft werden konnte, und diese im Rahmen einer systematischen Studie gesammelt und ausgewertet. Dabei ist sie auf zahlreiche Wissenschaftler und Forscher gestoßen, die bei der Bearbeitung professioneller Problemstellungen systematisch ihre Träume nutzen. Beispielsweise beschreibt sie Architekten, die in ihren Träumen durch Gebäude gingen und sich deren Eigenschaften merkten, um sie sofort am nächsten Tag in ihren Architekturentwürfen einzutragen (Barrett, 2015). Über diese Sammlung von Berichten hinaus hat Barrett systematische Laborstudien darüber durchgeführt, unter welchen Bedingungen Probleme des Wachlebens in Träumen kreativ bearbeitet werden. Diese Bedingungen lassen sich spezifizieren. Pagel (2015) konnte in einer empirischen Studie mit Filmschaffenden nachweisen, dass diese zum einen signifikant häufiger als die allgemeine Bevölkerung Albträume hatten, diese aber zum anderen auch häufiger für ihre kreative Arbeit nutzen konnten.

3.6.7 Zusammenfassung: eine aktuelle Theorie der Funktion von Träumen

Der Zusammenhang zwischen Träumen, Gedächtnis und Problemlösung kann aus heutiger Sicht etwa folgendermaßen formuliert werden (vgl. Windt, 2015):

Erlebnisse des Tages, insbesondere solche mit emotionaler Bedeutung oder gar belastenden Affekten, werden während des Träumens aus dem Kurzzeitgedächtnisspeicher reaktiviert und mit früheren Erfahrungen aus dem Langzeitgedächtnis abgeglichen; insbesondere wie ähnliche Erfahrungen und Konflikte in früheren Situationen gelöst bzw. bewältigt wurden. Insofern findet tatsächlich während des Träumens eine Problembearbeitung und in gewissem Maße auch -lösung statt, so dass dann die bearbeiteten Inhalte im Langzeitgedächtnis abgelegt werden können und das mentale Funktionieren im Alltag nicht weiter belasten. Gelingt dies nicht, führt der Traum möglicherweise zum Erwachen, wird als Albtraum erlebt oder zumindest erinnert. Diese Bearbeitung von Gedächtnisinhalten im Traum ist also ein hoch strukturierter, regelgesteuerter und zielgerichteter Bearbeitungsprozess, der weitgehend unbewusst abläuft, der verschiedene mentale Funktionsbereiche weiträumig koordiniert, der aber zugleich auch erst dann stattfinden kann, wenn kein neuer mentaler Input geschieht, wie er eben im Wachzustand stattfindet (vgl. auch Vedfelt, 2017).

Dass diese Prozesse für den Organismus wichtig sind und Träumen insofern funktional ist, zeigt sich auch am REM- Schlafentzug (Hartmann, 1973; Dement, 1966): Es findet sich dann eine erhöhte aggressive und sexuelle Aktivierung, schlechtere Anpassungsfähigkeit, Konzentrationsstörungen, Gedächtnisbeeinträchtigung, Lernschwierigkeiten, eine reduzierte Fähigkeit der Stressbewältigung und geringere psychische Stabilität. Werden vor dem Einschlafen im Schlaflabor stresserzeugende Aufgaben präsentiert, führt dies zu einer Verlängerung der Dauer des REM-Schlafes. Werden Träume, zum Beispiel psychotherapeutisch, intensiv bearbeitet, führt dies zu einer Verbesserung der Befindlichkeit. Andersherum nimmt die Zahl bedrohlicher oder aggressiver Trauminhalte zu, wenn die Person im Wachzustand vorher bedrohlichen Ereignissen ausgesetzt wurde.

Zusammenfassend lässt sich also sagen, dass Träumen für den Organismus und insbesondere für das mentale Funktionieren eine Regulationsfunktion übernimmt. Die meisten prominenten Traumtheorien stimmen heute dahingehend überein, dass Träumen zur Problemlösung und Bewältigung von Alltagsanforderungen beiträgt (für eine Übersicht siehe Barrett & McNamara, 2007a).

Die Contemporary Theory of Dreaming von Ernest Hartmann (2010)

1. Träumen ist eine Form mentalen Funktionierens: Träumen ist nichts dem bewussten Denken fremdes, nicht Material in einer fremden Sprache und nicht separierbar von anderen Formen mentalen Funktionierens. Es stellt ein Ende eines Kontinuums von mentalem Funktionieren dar, mit fokussiert wachem Denken an einem Ende und über Fantasie, Tagträumen, und Reverie bis zum Träumen am anderen Ende.
2. Träumen ist hyperkonnektiv: Beim Träumen werden Verbindungen leichter hergestellt als im Wachzustand, und diese Verbindungen sind breiter und lockerer. Träumen vermeidet strukturiertes und gelerntes Material. Träumen beinhaltet immer neue Verbindungen zwischen bestehenden mentalen Inhalten, insofern ist es kreativ, nicht einfach nur wiederholend.

3. Die Verbindungen sind nicht zufällig: Sie sind gesteuert durch die Emotionen des Träumers, in dem Sinne, dass das zentrale Bild des Traumes eine bildliche Darstellung der Emotion des Träumers oder seiner emotionalen Anliegen darstellt.
4. Die Form oder Sprache des Traumes ist hauptsächlich Bildmetapher: Dies ist allerdings nicht auf den Traum beschränkt, sondern eine Form des Denkens, die auch im Wachzustand auftritt, die weniger seriell prozessierend und weniger aufgabenorientiert ist, weniger nach formalen Regeln und weniger eingeschränkt funktioniert. Dieses System korreliert mit dem Default Mode Network: Dieses Standardnetzwerk des Gehirns ist dann aktiv, wenn wir nicht auf etwas fokussieren, sondern entspannen, keinen sensorischen Input aufnehmen, tagträumen etc. Es hat vage Funktionsregeln, stellt z. B. assoziative Verknüpfungen nach ungefährer oder metaphorischer Ähnlichkeit her und ist geleitet durch Emotionen – die Parallelen zu Freuds Hypothese von primärprozesshaftem Denken im Traum sind offensichtlich.
5. Funktionen des Träumens: Diese breite Herstellung von Verbindungen über Emotionen hat eine adaptive Funktion, wobei hier neues Material in bestehende Strukturen eingewoben wird – neue Erfahrungen werden schrittweise verbunden und integriert in bestehende Gedächtnissysteme. Träume helfen dabei, ein bedeutungsvolles emotionales Gedächtnissystem aufzubauen, welches die Basis des individuellen Selbst darstellt. Diese Funktion wird auch dann erfüllt, wenn der Traum nicht erinnert wird. Wenn der Traum erinnert wird, übernehmen diese breiten Verbindungen eine adaptive Funktion bei der Erhöhung von Selbsterkenntnis und Einsicht sowie Kreativität.
6. Funktion des Kontinuums von Wachen zu Träumen: Dass das mentale System über dieses Kontinuum verfügt, ist ebenfalls adaptiv, d. h. manchmal ist fokussiertes waches Denken nötig, manchmal eher ein assoziatives, breiteres und lockeres – und letzteres tun wir sowohl im Traum als auch im Tagtraum.

3.7 Die empirische Untersuchung des Inhalts von Träumen

Lange Zeit wurde die Inhaltsdimension von Träumen nicht systematisch untersucht. Es lag nur eine Fülle von Einzelfallberichten aus therapeutischen Verläufen vor allem aus dem psychoanalytischen Bereich vor. Dies änderte sich durch die Forschungsarbeiten von Hall (1966), der zunächst als freudscher Psychoanalytiker ausgebildet wurde, ab Mitte der 1960er Jahre aber ein eigenes Institut für empirische Traumforschung leitete. In »The Content Analysis of Dreams« entwickelten Hall und Van de Castle (1966) eine systematische wissenschaftliche Methode, die den Kriterien von Objektivität, Reproduzierbarkeit der Ergebnisse, Quantifizierbarkeit und Generalisierbarkeit gerecht wurde, um damit den Inhaltsaspekt von Träumen zu erforschen. Grundlage ist ein umfassendes Klassifikationssystem, mit dem einzelne Träume beschrieben und eingeordnet werden können. Der Traum wird dabei wie ein Text behandelt und in einzelne Segmente gegliedert, die so einer Einordnung in das Klassifikationssystem zugänglich werden. Das Klassifikationssystem liefert Kategorien für Schauplätze, auftretende Personen, Handlungen und Emotionen im Traum, z. B. wie häufig Männer versus Frauen auftreten, aggressive oder sexuelle Handlungen stattfinden usw. Zusätzlich wurde die Methode der *Kontingenzanalyse* entwickelt (Hall & Nordby, 1972), mit der wiederkehrende Zusammenhänge zwischen den Traumelementen einer Person erfasst werden können. In Langzeitstudien untersuchten Hall und Mitarbeiter mit diesem Klassifikationssystem mehrere Jahre überspannende Traumserien unterschiedlichster Probanden. Sie konnten zeigen, dass die in den Träumen auftretenden Personen, Gegenstände, Handlungen und Themen über lange Zeit gleichblieben. Die Inhalte der Träume eines Menschen sind also nicht zufällig, sondern zeigen eine hohe Konsistenz auch über lange Zeiträume hinweg. Dies lässt sich zunächst einmal besser mit Jungs Traumtheorie erklären als mit der von Freud, da Jung ja annimmt, dass der Traum das Bewusstsein kompensieren will. Insofern wäre anzunehmen, dass diese auch immer wieder thematisiert werden, da die zugrunde liegenden Konflikte und Komplexe sich nicht verändern.

Interessanterweise konnten universelle Geschlechterunterschiede festgestellt werden: Frauen sind in ihren Träumen passiver, Männer hingegen häufiger aktiv: sie rennen, fahren Auto, schwimmen, tanzen, spielen Ball, klettern und verrichten schwere Arbeiten. Ein weiterer universeller Unterschied, der schon ab dem Alter von sechs Jahren signifikant ist, besteht darin, dass in Männerträumen durchschnittlich zwei Männer pro Frau auftreten, in Frauenträumen dagegen ist das Verhältnis ausgeglichen. Auch finden in Männerträumen Aggressionen häufiger gegenüber anderen Männern statt, in Frauenträumen dagegen häufiger zwischen Männern und Frauen. Schon bei Kindern zeigen sich geschlechtsspezifische Unterschiede: Mädchen verhalten sich in ihren Träumen sozialer als Jungen und schildern häufiger Gesichter der Personen im Traum. Jungen beschreiben hingegen eher äußere Aspekte der Traumobjekte wie ihre Größe oder Geschwindigkeit. Diese Geschlechtsunterschiede wurden in zahlreichen Folgestudien bestätigt (vgl. Fisher und Greenberg, 1977). Allerdings wird in neueren Übersichten argumentiert, dass die aufgefundenen Unterschiede eher eine Folge geschlechtsspezifischer Unterschiede in der Sozialisation, über Träume zu berichten, sein könnten. Generell wird in der neueren Literatur stärker unterschieden zwischen dem Traum und dem Traumbericht, und verschiedenen Typen von Traumberichten (Windt, 2015). So lässt sich zum Beispiel nachweisen, dass die Häufigkeit, mit der von Emotionen in Träumen berichtet wird, sich verzehnfacht, wenn die Probanden gezielt danach gefragt werden. Einfache Kodierverfahren würden somit die vorkommenden Emotionen dramatisch unterschätzen (Windt, 2015, S. 88).

3.7.1 Traumbasierte Persönlichkeitsdiagnostik

Mit der Entwicklung seiner Klassifikationsmethode zur Untersuchung von Träumen hat Hall umfangreiche Forschungsarbeiten zum Inhalt von Träumen angestoßen. Da Halls Herangehensweise an Träume nicht auf theoretischen Vorannahmen wie den psychoanalytischen Ansätzen basiert, wurde sie in der wissenschaftlichen Psychologie intensiv genutzt. Mit Halls Untersuchungsansatz konnte mit wissenschaftlicher Genauigkeit belegt werden, dass Träume keine Zufallsprodukte sind, sondern ihre Inhalte in einem systematischen Zusammenhang mit der Persönlichkeit des Träumers und seinem Wachleben stehen und man aus der inhaltlichen Analyse der Träume sogar eine relativ valide Persönlichkeitsdiagnostik der Person ableiten kann. Allein aus den Träumen können zentrale Lebensthemen bzw. -probleme der Träumer bestimmt werden (Hall & Nordby, 1972). So beschreiben die Autoren eine junge Frau, die 61 Träume aus ihrer 32 Monate dauernden Psychotherapie zur Verfügung gestellt hatte. Mithilfe des Klassifikationssystems konnten die wichtigsten Themen ihres Traumlebens bestimmt werden: Männer, Sex, Ehe, Scheidung, Schwangerschaft, Verhütung und Abtreibung. Aus den Daten, die der behandelnde Therapeut zur Verfügung stellte, ergab sich, dass die Patientin sich einerseits einen Ehemann und Kinder wünschte, andererseits aber fürchtete, ihr Körper werde ihr durch den Geschlechtsakt und die Schwangerschaft entfremdet, beschmutzt und zerstört.

In vielen weiteren Fällen konnte Hall allein mithilfe der objektiven Klassifikation der Träume einen deutlichen Zusammenhang zwischen den Themen der Träume und der Persönlichkeit sowie dem psychischen Leben der Person aufzeigen, ohne dass dazu eine Traumdeutungstheorie verwendet worden wäre. Dies widerspricht natürlich der Theorie Freuds, der eine Entstellung der Trauminhalte durch die Traumarbeit annimmt. Unter anderem als Folge dieser Erkenntnisse hat sich in den psychoanalytischen Traumtheorien die oben dargestellte Bewegung hin zu einer Betonung der Wichtigkeit des manifesten Trauminhaltes ergeben.

Diese Zusammenhänge zwischen dem Wachleben des Träumers und dem Inhalt seiner Träume gehen so weit, dass man aus der relativen Häufigkeit aggressiver versus freundlicher Interaktionen des Träumers mit einer gegebenen Person in seinen Träumen die tatsächliche Einstellung des Träumers im Wachzustand gegenüber dieser Person hochgradig genau vorhersagen kann (Domhoff, 2003).

Diese Zusammenhänge lassen sich auch für eine entwicklungspsychologische Perspektive bestätigen. Kinder träumen deutlich häufiger von Tieren als Erwachsene (Hall, 1966): Kinder unter vier Jahren träumen in 51% ihrer Träume von Tieren, Kinder im Alter von fünf bis sieben Jahren immer noch in 37% aller Träume. Bei Erwachsenen dagegen tauchen Tiere nur in 7,5% aller Träume auf. Mit zunehmendem Alter des Kindes nimmt die Häufigkeit von Tierträumen kontinuierlich ab. Höchst interessant ist, dass bei denjenigen Kindern, die auch mit über sieben Jahren noch überdurchschnittlich häufig von Tieren träumen, geringere soziale Kompetenzen festgestellt werden können als beim Durchschnitt ihrer Altersgruppe. Kinder träumen außerdem häufiger von angsterregenden Tieren als Erwachsene (28% versus 7%), wobei die Tiere mit zunehmendem Alter des Kindes immer besser gezähmt und beherrschbar erscheinen. Diese Erkenntnisse lassen sich gut mit psychoanalytischen Traumtheorien erklären: Gerade bei Kindern, die ihre psychischen Funktionen grundsätzlich noch nicht so unter Kontrolle haben und nicht so reflektieren können wie Erwachsene, könnten insbesondere bedrohliche Tiere im Traum die noch nicht kontrollierbaren Impulse und Affekte symbolisieren, die vom (Traum-)Ich als Bedrohung seiner Autonomie erlebt werden. Der Zusammenhang zwischen geringeren sozialen Kompetenzen und häufigeren Tierträumen würde dies bestätigen. Dass das Handeln des Traum-Ichs im Traum ein Spiegel der Ich-Stärke und der Reflexions- und Steuerungskapazität darstellt, wird auch durch die Untersuchungen von Foulkes (1999) belegt, der zeigte, dass es bis zu dreizehn Jahre dauert, bis die menschliche Fähigkeit zu Träumen, parallel zur kognitiven und emotionalen Entwicklung, voll entwickelt ist. Kinder, so stellt er fest, haben nur kurze, emotional neutrale Träume, ohne komplizierte Handlungen. In diesen Träumen kommt in der Regel kein Traum-Ich vor, dieses entsteht erst in den Träumen im Alter von etwa sieben Jahren.

Barrett (1996) konnte bei Personen mit multipler Persönlichkeitsstörung nachweisen, dass die diagnostisch bekannten abgespaltenen Teilpersönlichkeiten der Patienten in deren Träumen als Personen auftraten, die teilweise dem Traum-Ich sogar hilfreiche Hinweise für das Wachleben gaben. Die Autorin interpretiert dies als Beleg für die Richtigkeit von Jungs Auffassung von der Subjektstufe insofern, als dass Persönlichkeitsanteile im Traum als Personen auftreten und dem Träumer hilfreiche Hinweise geben können. Sie konnte diese Erkenntnis in einer Reihe weiterer Studien auch für gesunde Probanden bestätigen und hält fest: »Dreaming is the only state in which most of us interact with aspects of ourselves as discrete other people« (Barrett, 2015, S. 86).

Windt (2015) listet eine Reihe von weiteren wissenschaftlichen Ansätzen auf, die Inhalte und Strukturen von Träumen systematisch analysieren. Alle diese Studien unterstützen die dargestellten Erkenntnisse, dass die Inhalte von Träumen in einem systematischen Zusammenhang mit der Persönlichkeit des Träumers und dessen bedeutsamen psychischen Themen stehen (siehe insbesondere die Übersicht bei Perogamvros, Dang-Vu, Desseiles & Schwarz, 2012).

3.7.2 Muster in den Träumen einer Nacht

Kramer (1964) konnte zeigen, dass sich die Themen der Träume einer Nacht bei derselben Person nach einem bestimmten Muster entwickeln. In der ersten Hälfte der Nacht handeln die Träume von aktuellen Erlebnissen, in der zweiten Hälfte befassen sie sich eher mit Geschehnissen aus der Vergangenheit des Träumers und gegen Morgen kehren sie wieder zu aktuellen Themen zurück. Häufig wird sogar nur ein einziges Thema in den Träumen einer einzelnen Nacht behandelt, in unangenehmen, spannungsvollen bis hin zu entspannenden Formen. Zumindest die Bewegung von aktuellen hin zu vergangenen Ereignissen über den Verlauf der Nacht würde Freuds Auffassung vom Zusammenhang zwischen Tagesrest und biografisch bedingten unbewussten Konflikten bestätigen. Cartwright (1977) konnte zusätzlich zeigen, dass morgendliche Träume eine problemlösende

Tendenz aufweisen. Sie bestätigt die von Kramer gefundenen Muster und bringt sie in einen Zusammenhang: Die ersten Träume der Nacht greifen ein aktuelles Thema auf und problematisieren es, die darauffolgenden Träume greifen in die Vergangenheit des Träumers zurück, um dort nach Problemlösungsmöglichkeiten zu suchen, und die letzten Träume vor dem Erwachen enthalten dann Lösungsversuche für das Problem. Wie schon Hall (1966) konnte Cartwright (1977) ebenso eine hohe Kontinuität der Traumthemen einer Person über lange Zeiträume feststellen. Auch Levin (1990) stellte dies in seiner Übersichtsarbeit fest. Allerdings konnte Cartwright darüber hinaus zeigen, dass sich die Traumthemen einer Person, die ernsthafte Schritte zu Veränderungen in ihrem Leben unternimmt, indem sie z. B. eine Psychotherapie macht, nicht mit dieser Kontinuität fortsetzen, sondern sich verändern.

3.7.3 Welche Rolle spielt der Tagesrest?

Schon Freud hatte in seiner Theorie betont, dass emotional bedeutsame Elemente aus den Ereignissen des vorangegangenen Tages in Träumen wieder aufgegriffen werden. Dieses als Tagesrest bezeichnete Konzept wird von praktisch allen Schulen der Traumdeutung unterstützt. Es lässt sich empirisch nachweisen, dass die Träume der Nacht tatsächlich in der Regel auf mindestens ein Ereignis des vorangegangenen Tages bezugnehmen (Vedfelt, 2017). Andererseits können solche Elemente auch noch fünf bis sieben Tage nach dem Ereignis in den Träumen auftauchen. Wie oben dargestellt nimmt man an, dass dies der Gedächtniskonsolidierung dient. In einer neueren Übersichtsarbeit über die relevante Forschung stellen Horton und Malinowski (2015) fest, dass Träumen eine entscheidende Rolle bei der Bildung des autobiografischen Gedächtnisses spielt. Träume organisieren Erinnerungen in Narrative, in welchen episodische Erinnerungen der jüngsten Zeit mit älteren Gedächtnisinhalten in Übereinstimmung gebracht werden. Narrative zu bilden ist offenbar, nach Meinung der Autorinnen, fundamental für die Art, wie das Gehirn Erfahrung organisiert und integriert – und das geschieht im Wachen genauso wie im Schlafen.

Allerdings kann man die Bezugnahme von Träumen auf zurückliegende Ereignisse noch weiter differenzieren als nur mit dem Hinweis, sie greifen Tagesreste auf. Schredl (2006) konnte nachweisen, dass Träume zu Beginn der Nacht eher Tagesreste aufgreifen in dem Sinne, dass sie auf Ereignisse des zurückliegenden Tages Bezug nehmen, während sich Träume aus den späteren Phasen der Nacht auf weiter zurückliegende Ereignisse beziehen. Vedfelt (2017) unterscheidet fünf verschiedene Zeitbezüge von Träumen auf Ereignisse des Wachlebens:

1. nahe liegende Ereignisse und Tagesreste;
2. aktuelle Lebenssituationen im allgemeinen Sinne, inklusive persönliche Beziehungen;
3. lebensgeschichtliche Ereignisse und Beziehungsmuster der Kindheit;
4. das Lebensalter des Träumers und damit verbundene Lebensphasen;
5. zukünftige Lebensübergänge und Lebensphasen

3.8 Empirische Studien über die Wirkung der Arbeit mit Träumen in der Psychotherapie: Das Modell der Traumarbeit von Clara Hill

Bislang wurden empirische Ergebnisse zur Wirkung und Funktion von Träumen im Allgemeinen betrachtet. Nun soll die Arbeit von Clara Hilleinbezogen werden. Sie hat die unmittelbare Wirkung der Arbeit mit Träumen in der Psychotherapie untersucht. In einer vorausgegangenen Studie (Fiss, 1979) wurden zwei Gruppen von Probanden gebildet, die erste wurde in allen REM-Schlafphasen geweckt und sollte ihre Träume erzählen, um sie dann noch einmal am nächsten Morgen mit dem Versuchsleiter zu besprechen. Die zweite Gruppe wurde während Non-REM-Phasen geweckt. Beide Gruppen erhielten parallel zu den Schlaflaborsitzungen das gleiche Maß an therapeutischen Gesprächen. Die Probanden, die sich an ihre Träume auch am nächsten Morgen noch erinnern und diese dann mit dem Versuchsleiter besprechen konnten, machten deutlich größere Fortschritte in der begleitenden Therapie, gemessen durch standardisierte Tests und unabhängige klinische Einschätzung.

Seit 1992 werden von der Forschungsgruppe um Clara Hill systematische Studien über die Wirkung der therapeutischen Arbeit mit Träumen durchgeführt. Hier wurde zunächst aus den bestehenden Ansätzen ein eigenes Modell der Traumarbeit extrahiert, das leicht erlernbar sein sollte (Hill, 1996). Dieses Modell der Traumarbeit wurde bereits oben dargestellt (▶ Kap. 2.7).

In einer Studie wurde mit dieser Methodik über einen Zeitraum von sechs Wochen gearbeitet (Cogar & Hill, 1992). Es wurden keine starken Effekte festgestellt, jedoch gaben die Probanden an, mehr Verständnis für sich selbst entwickelt zu haben. Sechs Woche sind natürlich im Vergleich zu den in der Psychoanalyse üblichen Zeiträumen wenig, daher wären hier auch keine stärkeren Wirkungen zu erwarten gewesen. In einer Vergleichsstudie mit verschiedenen Bedingungen der Traumarbeit (Interpretation eines eigenen Traums, Interpretation des Traums einer anderen Person, Arbeit mit einem Wachereignis) zeigte sich, dass die Probanden die Arbeit mit dem eigenen Traum als tief gehender und effektiver bewerteten als in den Kontrollbedingungen (Hill, Diemer, Hess, Hillyer & Seeman, 1993). In dieser Untersuchung wurden drei mögliche Erklärungen für die Wirkungen der Trauminterpretation überprüft:

1. die Wichtigkeit des Traums selbst;
2. Projektion auf den Traum;
3. der Interpretationsprozess

Bei der Erklärung bezüglich der Wichtigkeit des Traumes selbst (1.) wird davon ausgegangen, dass Träume eine bedeutungsvolle Spiegelung von unbewussten oder wachen Konflikten sind und eine problemlösende Funktion haben können. Eine Trauminterpretation sollte mehrere Effekte haben: Sitzungen, in denen Träume interpretiert werden, sollten von den Klienten als tief und wertvoll angesehen werden, Themen sollten mehr Klarheit gewinnen und es sollte positive und weniger negative Emotionalität geben. Denn obwohl negative Gefühle während einer Trauminterpretation erweckt werden könnten, sollte die Entdeckung von neuen Einsichten auf ein positives Gefühl hinauslaufen.

Eine alternative Erklärung (2.) für die Wirkung der Trauminterpretation besteht darin, dass wir eine arbiträre Bedeutung aus sinnlosen Symbolen schaffen. Folglich könnte der wirkliche Traum sinnlos sein, aber wir könnten Bedeutung schaffen, indem wir etwas in ihn hineininterpretieren.

Eine weitere Erklärung (3.) besteht darin, dass der Prozess der Interpretation selbst der nützliche Bestandteil der Traumarbeit in der Therapie sein könnte.

In der Studie wurden die Effekte bezüglich Qualität der Sitzung, Einsicht und Emotionen von drei Bedingungen verglichen: Interpretation des eigenen Traums, Interpretation des Traums einer anderen Person und Interpretation eines eigenen Erlebnisses (nicht Traum). 60 Versuchspersonen wurden den drei Bedingungen zugeteilt. Jeder der fünf Therapeuten führte einstündige Sitzungen mit vier freiwilligen Versuchspersonen in jeder der drei Bedingungen durch, insgesamt zwölf Sitzungen pro Therapeut. Die Ergebnisse zeigten, dass die Interpretation des eigenen Traums im Vergleich zu den anderen Bedingungen zu einer höheren Bewertung der Qualität der Sitzung durch die Klienten führte. Damit konnte gezeigt werden, dass die Wirkung der Trauminterpretation durch mehr Faktoren zustande kommt als nur durch den Prozess der Interpretation. Außerdem führte die Interpretation des eigenen Traums zu höheren Ratings bezüglich Einsicht als die anderen Bedingungen. Das zeigt, dass die Wirkung der Trauminterpretation nicht nur von Projektion beeinflusst ist (Hill et al., 1993). Bezüglich der Frage, welche Elemente der Traumarbeit am wirksamsten sind, zeigte sich, dass das Sammeln von Assoziationen hilfreicher ist als das reine Beschreiben des Traums (Hill, Nakayama & Wonnell, 1998). Das Herstellen der Verbindungen zum Wachleben erwies sich als am wirksamsten (Hill, Diemer & Heaton, 1997). Die Arbeit in Traumgruppen mit dem Modell ergab außerdem einen positiven Effekt auf das Selbstwertgefühl bei Frauen, die gerade in Scheidung lebten bzw. eine Scheidung hinter sich hatten, im Vergleich zu einer Kontrollgruppe (Falk & Hill, 1995). Ebenso wurde die Methodik im Vergleich zu einer problemorientierten Arbeit als mindestens ebenso wirksam eingeschätzt (Diemer, Lobell, Vivino & Hill, 1996).

Ein Ergebnis ist besonders für die jungsche Traumarbeit interessant: In einer Studie (Hill & Spangler, 2007) wurde unterschieden zwischen zwei Bedingungen der Traumarbeit in der Einsichtsphase. In der ersten wurde der Traum auf Aspekte des Wachlebens bezogen, in der zweiten wurden die Elemente des Traums als Teile der Persönlichkeit bzw. des Selbst des Träumers (!) gedeutet – man könnte also mit jungschen Termini von einer Deutung auf der Objektstufe versus Deutung auf der Subjektstufe sprechen. Beide Bedingungen erwiesen sich als gleichermaßen wirkungsvoll für die Gewinnung von Einsichten, die zu neuen Handlungsweisen im Wachleben führen.

3.8 Empirische Studien über die Wirkung der Arbeit mit Träumen in der Psychotherapie

In einer zusammenfassenden Übersichtsarbeit über die Studien ihrer Forschungsgruppe beschreiben Hill und Spangler (2007; vgl. auch Spangler & Hill, 2015):

- Klienten bewerten psychotherapeutische Sitzungen, in welchen mit Träumen gearbeitet wird, konsistent höher als Sitzungen, in denen mit anderen Themen gearbeitet wird.
- Mit den eigenen Träumen des Klienten zu arbeiten und nicht nur mit Erlebnissen oder Problemen des Wachlebens erbringt einen deutlichen Nutzen. Dieser kann auch nicht ausschließlich auf Zuwendung des Therapeuten oder Projektionsprozesse zurückgeführt werden.
- Probanden, die sich an ihre Träume bewusst erinnern und diese dann mit dem Therapeuten besprechen können, profitieren mehr von der Therapie. D. h. es genügt nicht, nur zu träumen, die Bewusstmachung des Unbewussten macht den Sinn aus.
- Es ist sinnvoll, Assoziationen und Verbindungen zum Wachleben zu erheben.
- Klienten gelangen durch die therapeutische Arbeit mit Träumen zu wertvollen Einsichten. Dieser Befund ist konsistent über viele verschiedene Methoden der Erfassung von Einsicht. Dabei zeigt sich, dass die Klienten nicht plötzliche Einsichten finden, die sie vorher nicht hatten, sondern dass sie, häufig schon von einem guten Verständnis ihrer Träume ausgehend, den Nutzen der Traumarbeit für ihr Leben durch die therapeutischen Sitzungen kontinuierlich erhöhen können.
- Diese Einsichten bestehen nicht nur in kognitiver Hinsicht, sondern führen auch zu veränderten Handlungsweisen im Leben der Klienten. Gerade dies aber erleben die Klienten als besonders wertvoll. Der höchste Grad an Wirksamkeit wird aber nur dann erreicht, wenn die Traumarbeit alle drei oben genannten Phasen (▶ Kap. 2.7) beinhaltet.
- Es wurde auch gemessen, ob sich die Einsichten aus der Traumarbeit tatsächlich auf spezifische Probleme aus dem Leben der Klienten beziehen. Nicht nur dies ist der Fall, es lässt sich sogar feststellen, dass sich die Auswirkungen des im Traum fokussierten Problems im Wachleben der Person nach einer einzigen Sitzung mit Traumarbeit deutlich verändern (z. B. erlebt sich die Person als deutlich kompetenter, mit dem Problem umzugehen).
- Sogar eine Verminderung von Symptomen kann nach Traumarbeit festgestellt werden: z. B. Abnahme depressiver Symptomatik und Zunahme von subjektivem Wohlbefinden.
- Es ist sinnvoll und nützlich, Traumelemente entsprechend der Deutung auf der Subjektstufe als Persönlichkeitsanteile des Träumers zu deuten.
- Für eine effektive Arbeit mit Träumen ist es besonders wichtig, den Klienten dahin zu bringen, aus dem Verständnis des Traumes auch explizit neue Handlungsoptionen zu entwickeln. Dies ist im eher zurückhaltenden psychoanalytischen Vorgehen in der Regel nicht der Fall.

Bei den Kontextbedingungen erfolgreicher Traumarbeit fanden Hill und Spangler (2007), dass positive Wirkungen verbunden waren mit einer hohen Bewertung der Träume und der Traumarbeit auf Seiten des Klienten sowie mit dessen

Engagement. Interessant ist auch, dass die Wirkung der Traumarbeit umso positiver ist, je mehr sich der Therapeut mit seinem Modell der Traumarbeit identifiziert und sich bei der praktischen Arbeit an dessen Methodik hält. Mittlerweile haben Spangler und Hill aus diesem Ansatz auch ein – wie sie nachweisen konnten – effektives therapeutisches Vorgehen für die Behandlung von posttraumatischen Albträumen entwickelt (Spangler & Hill, 2015).

4 Zwischenbilanz: Was bedeuten diese empirischen Erkenntnisse für die psychoanalytischen Traumtheorien?

Grundsätzlich muss zunächst festgestellt werden, dass auch wenn die oben dargestellten Ergebnisse der Traumforschung in vielerlei Hinsicht interessant und hilfreich für psychoanalytische Theoriebildung sein können, liegen ganz grundsätzliche Unterschiede in der Perspektive vor. So ist beispielsweise die empirische Traumforschung weit von einem Modell entfernt, wie es die Psychoanalyse annimmt; nämlich, dass der Traum vor allem der Bearbeitung unbewusster Inhalte im Sinne der Psychodynamik dient. Wenn in der Traumforschung von Einsicht gesprochen wird, meint das eher eine kognitive Problemlösung und somit etwas völlig anderes als die Psychoanalyse. Andererseits aber muss man bei vielen psychoanalytischen Traumtheoretikern einen gewissen Widerstand dagegen konstatieren, Erkenntnisse der Traumforschung, sei es klinische oder nicht-klinische, anzuerkennen und als Konsequenz die eigenen favorisierten Theorien zu revidieren oder gar aufzugeben. Auf dieses Problem weisen auch psychoanalytische Autoren hin:

> »Die Klippen der klinisch-psychoanalytischen Forschung sind bekannt. Sie reichen von der zufälligen Auswahl und Zusammenfassung des klinischen Materials, um bestimmte theoretische Sichtweisen zu belegen, über hermetisch abgeschlossene Argumentationslinien, narzisstisch anmutende Überlegungen anstelle von selbstkritisch-offenen Reflexionen klinischer Beobachtungen bis hin zur Präsentation von psychoanalytischen ›Starfällen‹ statt normaler oder gar gescheiterter Behandlungen. Ferner besteht [...] die Gefahr einer (unbewussten) Konstruktion von erwünschten psychoanalytischen Einsichten, die vorherrschenden theoretischen Konzepten entsprechen und diese dadurch immer wieder bestätigen.« (Fischmann, Leuzinger-Bohleber & Kächele, 2012, S.638f.)

Meines Erachtens können nämlich heutzutage einige der anfangs aufgeworfenen Fragen gerade auch aufgrund der Ergebnisse der Traumforschung weitestgehend beantwortet werden. Dabei werden einige der Annahme der Psychoanalyse – teilweise recht eindrucksvoll – bestätigt, aber es müssen auch klassische psychoanalytische Positionen zumindest relativiert, wenn nicht gar aufgegeben werden.

4.1 Träume haben eine psychologische Bedeutung

Ein erster zentraler Erkenntnisgewinn der Gegenüberstellung von Traumforschung und Psychoanalyse kann darin festgehalten werden, dass folgendes sehr eindrucksvoll belegt ist: Träume haben grundsätzlich Bedeutung und sind nicht sinnloser Leerlauf des Gehirns. Zahlreiche Studien belegen den engen Zusammenhang nicht nur zwischen Träumen und dem Wachleben des Träumers, sondern auch mit emotional bedeutsamen und belastenden Themen und inneren Konflikten des Träumers. Dies bestätigt die Grundannahmen aller psychoanalytischen Schulen, insbesondere aber die Pionierarbeit von Freud.

Träumen (REM-Schlaf) ist biologisch für den Organismus unverzichtbar, muss daher also auch eine Funktion für die Psyche bzw. das mentale Funktionieren haben. Es gibt Hinweise, dass die gezielte Verhinderung von Traumschlaf zu psychologischen Problemen bei den Betroffenen führt. Empirisch kann zudem ein eindeutiger Zusammenhang zwischen Erlebnissen des Wachlebens und den Inhalten der Träume festgestellt werden. Es kann außerdem gezeigt werden, dass die Trauminhalte vor allem die *Probleme* des Träumers thematisieren, insbesondere solche mit einer hohen emotionalen Relevanz für den Träumer. Insofern ist der grundlegende psychoanalytische Ansatz, den Träumen eine psychologische Bedeutung zuzusprechen und ihre Bearbeitung für therapeutische Zwecke zu nutzen, berechtigt.

4.2 Träumen dient der psychischen Selbstregulation

Träume haben eine Funktion, durch die Emotionen in eine positive Richtung reguliert werden. Auch unterstützen sie die Bewältigung von belastenden Ereignissen im Wachleben. Zudem dienen sie offenbar der Gedächtniskonsolidierung und damit der Funktionsfähigkeit des Bewusstseins. Damit würde eher die Sicht Jungs, bzw. neuerer (z. B. selbstpsychologischer) Theorien zum Traum, wonach er nämlich der Selbstregulation der Psyche dient, unterstützt – im Gegensatz zu Freuds Modell.

Was greift der Traum auf? Erlebnisse des Tages, insbesondere solche mit emotionaler Bedeutung oder gar belastenden Affekten, werden während des Träumens aus dem Kurzzeitgedächtnisspeicher reaktiviert und mit früheren Erfahrungen aus dem Langzeitgedächtnis abgeglichen; insbesondere wie ähnliche Erfahrungen und Konflikte in früheren Situationen gelöst bzw. bewältigt wurden. Dies würde zunächst einmal Freuds grundlegende Annahme bestätigen, dass Träume aktuelle Ereignisse (Tagesrest) mit früheren Erfahrungen verknüpfen; besonders solchen, die emotional belastend sind. Freud hat möglicherweise an dieser Stelle aber die Lösungsorientierung und Bewältigungsleistung des Traumes unterschätzt. Dies ist eher bei Jung hervorgehoben und aktuelle psychoanalytische Traumtheorien bewegen sich zumindest teilweise in diese Richtung.

Träume fördern Einsichten und kreative Problemlösungen: Träume fördern nachweislich die Kreativität und geben Anstöße für Einsichten und Problemlösungen im Wachleben – und dies nicht nur in seltenen Ausnahmefällen. Träume behandeln nachweislich die Probleme der Person aus dem Wachleben und versuchen, durch Rückgriff auf im Gedächtnis gespeicherte Erfahrungen, Lösungen für diese Probleme zu entwickeln. Damit unterstützt die empirische Forschung Auffassungen Jungs und neuerer psychoanalytischer Autoren, z. B. Hartmann, dass im Traum Einsichten und Lösungsmöglichkeiten für psychische Probleme ans Bewusstsein herangetragen werden.

Der Traum nutzt das umfassendere Wissen des Unbewussten: Träume können weitreichendere assoziative Verknüpfungen herstellen als das Denken im Wachzustand, u. a. deshalb, weil beim Träumen mehr Hirnareale ins »Traumdenken« einbezogen sind als im Wachen. Dies liegt sehr nahe an Jungs These, dass das Unbewusste, das die Träume hervorbringt, über ein umfassenderes Wissen bzw. eine größere Perspektive als das Bewusstsein verfügt. Weitergedacht würde dies tatsächlich auch die Brauchbarkeit der psychoanalytischen Methode der Erhebung der Assoziationen bzw. der jungschen Methode der Amplifikation bei der Traumdeutung bestätigen, da sie eher ein weiträumiges Assoziationsnetzwerk herstellen denn eine zielgerichtete Bedeutungsfestlegung. Ob diese weitreichenderen Verknüpfungen im Traum aber an den Einsichten oder Problemlösungen unmittelbar beteiligt sind, kann aus den empirischen Forschungsergebnissen nicht eindeutig abgeleitet werden.

Der Psychoanalytiker Ermann (2005) fasst diese empirischen und neurowissenschaftlichen Erkenntnisse zum Träumen und seiner Funktion für die Psyche in folgendem Modell zusammen:

> »Beim Träumen werden Informationen aus ganz verschiedenen Wahrnehmungs- und Erinnerungsbereichen miteinander verknüpft. Dabei werden unverarbeitete Tageseindrücke aus dem Wachsein im Schlaf wahrgenommen, z. B. eine Kränkung, eine Versuchungssituation, eine Aufgabe, die nicht bewältigt wurde. Diese Wahrnehmungen aktivieren die für die Traumentstehung zuständigen Zentren, die nun beginnen, mit verschiedenen Gedächtnisspeichern in Verbindung zu treten und dort Informationen aufzurufen. Dabei werden Gedächtnisinhalte aktiviert, die dem Tagesrest ähnlich sind. Dazu gehören Erlebnisse und Gefühlszustände, aber auch Konflikte und Probleme ebenso wie Bewältigungsstrategien und Lösungen. [...] Als Ergebnis des Traummechanismus entsteht etwas Neues, das eine bessere Lösung enthält als die unverarbeitete anfängliche Information. [...] Die Funktion des Traumechanismus ist vor allem die Informationsverarbeitung als Problembewältigung durch Neubewertung. Es ist eine Hinführung zu kreativen Lösungen und das Einüben von Bewältigungen.« (S. 68)

Offenbar ist das Gehirn im Schlaf im Gegensatz zum Wachbewusstsein in der Lage, größere Bereiche und mehr Funktionen gleichzeitig zu aktivieren und miteinander zu verknüpfen. Dadurch ist es im Traum eher als im fokussierten Wachbewusstsein möglich, zu neuen Lösungen zu kommen. Dies wird auch durch die Übersichtsarbeiten der empirischen Traumforscherin Barrett (2001) bestätigt: Im Traum kann das Gehirn in einen Verarbeitungsmodus wechseln, in welchem es nicht mehr wie im Wachzustand dauernd neuen Input verarbeiten muss. Dadurch hat es größere Kapazitäten frei, um sich mit ungelösten Problemen zu beschäftigen und diese kreativ zu bearbeiten.

Damit unterstützt die empirische Forschung einige zentrale Aussagen der Psychoanalyse und insbesondere Jungs. Dies bestätigt Jungs These, dass im Schlaf das Unbewusste über eine größere Informationsmenge und Verknüpfungskapazität als das begrenzte Bewusstsein verfügt und so eher zu Lösungsvorschlägen oder zumindest zu Hinweisen an das Bewusstsein fähig ist, die die Gesamtpsyche und ihre Situation berücksichtigen.

Sie setzt allerdings auch Fragezeichen: So ließe sich anhand der Forschungsergebnisse durchaus argumentieren, dass für die psychischen Leistungen, die das Träumen offenbar vollbringt, es nicht zwingend notwendig ist, dass sich der Träumer auch an die Träume erinnert – zumindest gilt dies für die emotionsregulierende, gedächtniskonsolidierende und lernfördernde Wirkung des Träumens. Dies aber wiederum würde einem zentralen Argument in Jungs Traumtheorie widersprechen, dass nämlich der Traum vor allem durch die Informationsübermittlung vom Unbewussten ans Bewusstsein heilsam wirkt.

5 Psychoanalytische klinische Traumforschung

Unabhängig von der empirischen Traumforschung gab es auch schon in der Psychoanalyse selbst sehr früh empirische Untersuchungen zum Traum und seiner Bedeutung in der Psychotherapie. Im Gegensatz zur oben dargestellten empirischen Traumforschung stellt diese klinische Traumforschung allerdings eher weniger eine Grundlagenforschung dar, als vielmehr eine Untersuchung der Bedeutung von Träumen im Kontext der psychotherapeutischen Behandlung sowie der Effekte der therapeutischen Arbeit mit Träumen auf den Fortgang der Psychotherapie.

Die umfassende Untersuchung von Träumen beginnt mit Freuds ausführlicher Analyse des Irma-Traumes, in der er anhand eines konkreten Traumbeispiels »die Möglichkeiten und Unwägbarkeiten eines solchen Unterfangens belegt« (Fischmann, Leuzinger-Bohleber, & Kächele, 2012, S. 834), was als Startpunkt einer neuen Forschungslinie betrachtet werden kann. Allerdings wurde dieser interpretative Ansatz in der psychoanalytischen Forschung auch schon früh von Psychoanalytikern selbst kritisiert: »Ohne Zweifel, scheint es mir, rührt ein beträchtlicher und nicht unberechtigter Teil der Zweifel an der Traumanalyse als Wissenschaft davon her, dass fast ausnahmslos mit einem inhaltlichen Deuten begonnen wird, welches großen subjektiven Spielraum bei verhältnismäßig beschränkten objektiven Nachprüfungsmöglichkeiten gestattet.« (Bash, 1988, S. 145).

Eine Reihe von freudianischen Autoren hat in eigenen empirischen Untersuchungen Freuds Annahmen zum Traum untersucht, dabei aber auch Erkenntnisse von allgemeiner Bedeutung für das Verständnis von Traum und Traumdeutung gefunden. Empirische Studien in der Psychoanalyse beginnen schon mit Alexander (1925), der auch als erster in systematischer Weise Traumserien in den Blick nahm. Weitere frühere Studien stammen von French (1954).

Greenberg und Pearlman (1978) weckten Probanden, die sich aktuell in psychoanalytischer Behandlung befanden, im Schlaflabor nach REM-Phasen und verglichen den Inhalt der erinnerten Träume mit den Verbatim-Protokollen der vorangegangenen und nachfolgenden Therapiesitzung. Es zeigte sich, dass es eine deutliche Entsprechung gab zwischen den Trauminhalten und denjenigen Elementen in der analytischen Sitzung, die für den Probanden von emotionaler Bedeutung waren. Die Autoren gehen in der Interpretation ihrer Ergebnisse dabei weit über Freuds Aussagen hinaus, indem sie sagen, es genüge, die konflikthaften Themen im Wachleben des Träumers zu kennen, um den Inhalt seiner Träume problemlos zu übersetzen – die Suche nach einem verschlüsselten latenten Sinngehalt erübrige sich. Auch Palombo (1982) konnte zeigen, dass Analysanden im Traum Inhalte aus der unmittelbar davorliegenden analytischen Sitzung bearbeiteten, die ohne Entschlüsselung als solche zu erkennen waren. Popp, Luborsky & Crits-Christoph (1990) verglichen Traumerzählungen und Erzählungen in der Therapiesitzung anhand der Methodik des Zentralen Beziehungskonfliktthemas. Hier konnten nicht nur inhaltliche Ähnlichkeiten, sondern sogar Übereinstimmungen in den unbewusst zugrunde liegenden Beziehungskonfliktmustern festgestellt werden. Es existiert interessanterweise sogar eine Studie, in welcher der Informationsgehalt des ersten Traumes, der in einer analytischen Psychotherapie präsentiert wird (der sogenannte Initialtraum), hinsichtlich der zentralen Themen des Klienten und der Therapie untersucht wurde (Bradlow & Bender, 1997). Es konnte tatsächlich gezeigt werden, dass dieser erste in der Therapie präsentierte Traum Themen wiedergibt, die für die weitere Therapie von zentraler Bedeutung waren (v. Brasch 1983).

Umfangreiche empirische Studien zur Bedeutung von Träumen und zum Zusammenhang zwischen dem Inhalt des Traumes und dem Wachleben des Träumers haben auch die beiden freudschen Psychoanalytiker Kramer und Glucksman (2015) durchgeführt (Übersicht in Kramer, 2015). Zunächst konnten sie zeigen, dass der Inhalt der Träume beeinflusst wird vom Geschlecht des Träumers, vom Lebensalter, von der sozioökonomischen Schicht und auch von psychischen Störungen, insbesondere Depression und Schizophrenie. Probanden mit diesen beiden Störungen zeigten auch Veränderungen im Inhalt der Träume in dem Maße, wie sie sich klinisch im Rahmen der Therapie verbessern konnten. Wie oben schon ausgeführt, konnte in den hier vorgestellten Studien ein ganz klarer Zusammenhang zwischen den emotional bedeutsamen Erfahrungen des Träumers und den Themen, die in den Träumen auftauchten, hergestellt werden (z. B. Beginn oder Beendigung einer Beziehung). In Schlaflaborstudien konnten sie auch zeigen, dass in den Träumen einer Nacht ein herausragendes emotionales Thema immer wieder bearbeitet wird und dass dieser Trauminhalt sich auch über 20 Nächte hinweg nicht grundlegend verändert. Sie fassen explizit zusammen: Die emotionale Intensität der Erfahrung vor dem Schlafen determiniert die Wirkung auf den Traum. Diese Wirkung ist so stark, dass unabhängige Beurteiler aus den Träumen allein die unmittelbaren und überdauernden signifikanten Themen der Person identifizieren können.

> »Dreaming is an orderly event that is structured and reflects important psychological differences, responds to immediate emotional concerns, and is related to the waking preoccupations of the dreamer. [...] The psychodynamic theme from a dream translation of the first dream reported can predict the core psychodynamic theme to be found in therapy.« (Kramer 2015, S. 8f.)

Letztere Einsicht unterstützt auch noch mal die oben dargestellten Erkenntnisse zum Initialtraum. Zusammenfassend lässt sich hierzu also festhalten, dass der Traum einen engen Zusammenhang mit Erlebnissen und Themen des Wachlebens hat, insbesondere mit solchen, die von emotionaler Bedeutung für den Träumer sind. Außerdem sprechen diese Ergebnisse recht klar gegen Freuds Vorstellungen einer Zensur sowie einer Verzerrung des latenten in den manifesten Trauminhalt.

Robbins und Tanck (1980) untersuchten freudianische Konzepte zur sexuellen Symbolik im Traum. Dazu ließen sie 87 unverheiratete Collegestudenten neun

Tage lang ein Traumtagebuch führen. Die aufgezeichneten Träume wurden anhand eigens entwickelter Kodierungslisten für sexuelle Symbole ausgewertet. Außerdem wurde über Fragebögen die generelle sexuelle Zufriedenheit sowie die Dating-Häufigkeit der Probanden erfasst. In Übereinstimmung mit den Hypothesen der Autoren konnte gezeigt werden, dass in der Gruppe, die ein befriedigendes Sexualleben hatte, signifikant weniger sexuelle Symbole in den Träumen vorkamen als in der Gruppe, die unzufrieden war und wenig bis keine Dates hatte. Dies könnte man als eine Bestätigung von Freuds Wunscherfüllungsthese ansehen. Einschränken muss man die Ergebnisse insofern, als dass die Kodierung von Traumsymbolen als *sexuell* gänzlich auf klassischen freudschen Konzepten beruht. Außerdem könnte man das Ergebnis auch genauso gut mit Jungs Kompensationsthese erklären.

5.1 Die Untersuchung von Traumserien und Traumprozessen in Psychotherapien

Neuere psychoanalytische Forschungsarbeiten zum Traum untersuchen in der Regel zusammenhängende Traumserien eines Träumers bzw. Patienten über den Verlauf der Psychotherapie. Den Traum in Serie zu betrachten, war allerdings nicht immer selbstverständlich, auch nicht innerhalb der Psychoanalyse. Deserno und Kächele (2013) argumentieren:

> »Grob gesagt kann man mit einem einzelnen Traum fast alles illustrieren, was man zeigen möchte, je nachdem, welche Perspektive eingenommen wird. Dagegen legt man sich mit der Präsentation einer Traumserie darauf fest, inwieweit sich die Verständigung über die erzählten Träume verändert und eventuell in der Folge davon die erzählten Träume selbst und möglicherweise auch die Symptomatik usw.« (S. 235)

Hier wird also empfohlen, statt einzelner Träume Traumserien zu untersuchen, da diese validere Ergebnisse ermöglichen.

Die erste systematische Analyse von Traumserien in einem wissenschaftlichen Sinne nimmt 1925 Alexander in seiner Studie »Traumpaare und Traumreihen« vor, in der zum ersten Mal die Wiederholung von Trauminhalten thematisiert wird (Fischmann et al., 2012). Alexander (1925) zeigte an klinischen Fällen, dass er Freuds (1900) Feststellung, aufeinanderfolgende Träume (oft in derselben Nacht oder in aufeinander folgenden Therapiestunden) mit gleichem latentem Trauminhalt können zunehmend klarer gedeutet werden, noch eine dynamische Komponente hinzufügen konnte. Er fand, dass bei gepaarten Träumen oft der erste die Voraussetzung für den zweiten Traum war. Die Wunscherfüllung schien erst durch den zweiten Traum größer und der Trauminhalt wurde manifester.

Jung untersuchte in seinen berühmten Traumseminaren (Jung, 2001) ebenfalls ganze Traumserien und ging davon aus, dass sich Träume über längere Zeit fortsetzen, bis das Bewusstsein den Trauminhalt erfasst und bearbeitet hat, um danach neuen Träumen Platz zu machen. Die innere Sinnfolge sah er dabei radial um einen Bedeutungskern angelegt.

Nicht länger ging es in der Forschung von nun an um singuläre Träume, sondern um das Wiederkehren von Themen in Träumen, der Analyse sowie die Frage, warum sich die Traumarbeit »immer wieder mit dem selben Thema abmühen muss« (Freud, 1900, S.835). Schon French (1954) weist in der Einleitung zu seiner frühen Arbeit zur Traumforschung darauf hin, dass jeder Traum auch eine logische Struktur aufweise und dass die logischen Strukturen verschiedener Träume derselben Person miteinander verknüpft seien, so dass alle diese Träume einer Person Bestandteil einer einzigen Kommunikationsstruktur seien. Er konnte nachweisen, dass in den Traumserien am Anfang einer Therapie die affektive Spannweite enger ist und im Laufe der Therapie immer größer wird. Deserno und Kächele (2013) erwähnen unter den frühen Studien zu Traumserien auch eine Studie von Alexander Mitscherlich von 1947, in der dieser schon komplette Traumserien untersuchte und diese teilweise im Anhang sogar zur Verfügung stellte – zum Beispiel eine komplette Liste von 103 Träumen eines Analysanden.

Auch Mentzos (1995) konnte aufzeigen, dass im Hinblick auf Traumfunktionen die Abfolge der Träume nicht zufällig ist und sich analog einer dramaturgischen Inszenierung ein innerer Zusammenhang aufzeigen lässt. Traumfunktionen meint hier die Selbstdarstellung im Sinne des Durchspielens von Selbstentwürfen in verschiedenen Lebensphasen und von Objektbeziehungsentwürfen, das Durchleben von Konflikten aus verschiedenen Perspektiven und das Aufzeigen unterschiedlicher Lösungsversuche.

Es gilt zu beachten, dass eine Unterscheidung zwischen dem geträumten, dem erinnerten und dem erzählten Traum vorgenommen werden muss (Moser & von Zeppelin, 1996). Der Traum, der in der Psychotherapiesitzung erzählt wird, muss nicht identisch sein mit dem Traum in der Nacht, da schon beim Erinnern und beim Übersetzen in Sprache eine Transformation vorgenommen wird. Außerdem ist die Erzählung eines Traumes, wie jeder Psychoanalytiker weiß, abhängig von Situationsfaktoren wie der Übertragungsbeziehung, Abwehrphänomenen, der aktuellen Gestimmtheit usw. Deswegen muss heutzutage die Mitteilung eines Traumes immer auch als eine Kommunikation innerhalb der Übertragungsbeziehung betrachtet werden. Außerdem wird wahrscheinlich nur ein Bruchteil der geträumten Träume erinnert und von diesen wiederum nur ein Teil erzählt.

Eine gewisse Objektivierung kann durch die Praxis in der jungschen Analyse dadurch erreicht werden, dass der Patient ein Traumtagebuch führt, in das er grundsätzlich alle erinnerten Träume so schnell wie möglich einträgt. Man muss also davon ausgehen, dass der erzählte Traum ein Produkt eines sich weiter entwickelnden Traumprozesses darstellt, wobei allerdings von einer strukturellen Identität des geträumten mit dem erinnerten und wiedergegebenen Traum ausgegangen werden kann (Moser & von Zeppelin, 1996). Daher wird der Traum in neueren Konzeptionen als Narrativ betrachtet.

1968 führten Enke, Ohlmeier und Nast eine formale Affekt- und Beziehungsanalyse in Traumserien von Patienten mit psychosomatischen Krankheitsbildern durch, wofür erstmals psychotherapeutische Sitzungen auf Tonband aufgenommen wurden. Diese Forschung zu systematischen Traum-Korpora wurde anschließend in Ulm weitergeführt. Eine Reihe von herausragenden Untersuchungen innerhalb der deutschsprachigen psychoanalytischen Traumforschung basiert auf Aufzeichnungen von psychoanalytischen Behandlungen im Rahmen der Ulmer Textbank (siehe Übersicht bei Fischmann et al., 2012). Leuzinger-Bohleber (1989) entwickelte zunächst ein Vorgehen für die Untersuchung von Träumen anhand des Tagebuchs eines Analysanden. Mit der so entwickelten Methode analysierte sie dann die jeweils ersten und letzten 100 Analysestunden von komplett auf Audio aufgezeichneten psychoanalytischen Behandlungen. Basierend auf dem Kodiersystem nach Moser und von Zeppelin (1996) untersuchte sie dann 112 Träume aus fünf psychoanalytischen Langzeittherapien – hierbei jeweils Träume der ersten und letzten 100 Sitzungen. Es zeigte sich, dass das Instrument valide Traumverläufe untersuchen und individuell unterschiedliche Affektmuster abbilden kann. Außerdem stellten sie fest, dass sich bei positiven Behandlungsverläufen die Träume am Ende der Therapie von denen am Anfang unterschieden, was bei nicht-erfolgreicher Therapie nicht der Fall war. Dort zeigten sich keine solchen Veränderungen. Des Weiteren erweiterte sich bei erfolgreicher Therapie das Spektrum der Affekte in den manifesten Trauminhalten (z. B. Motive der Überraschung, der Freude, des Stolzes, des Triumphs, der Trauer, der Distanzierung). Angstträume kamen darüber hinaus seltener vor als zu Beginn der Behandlung. Es fanden sich mehr gelungene als misslungene Problemlösungen und das Traum-Ich war aktiver und seltener in der Beobachterposition. Zudem tauchten, wie schon die Studien von Hall und Van de Castle (1966) zeigen konnten, weniger Tierdarstellungen und mehr Menschen und reifere Objektbeziehungen auf. Bei der ausführlichen individuellen Betrachtung einer der erhobenen Traumserien zeigte sich, dass die Beziehungsqualität sich veränderte, freundlicher und sorgender wurden, dass selbstbezogene negative Emotionen im Traum deutlich abnahmen und dass sich die Fähigkeit zu erfolgreichen Problemlösungsstrategien über den Verlauf der Traumserie immer deutlicher durchsetzte. Objektbezogene negative Emotionen wiesen hingegen eine stabile Variabilität um einen Mittelwert auf.

Entsprechende Veränderungen konnten Leuzinger-Bohleber et. al auch in den laufenden LAC-Depressionsstudien finden (Fischmann et al., 2012). Sie konnten empirisch belegen,

> »dass sich erfolgreich verlaufende Psychoanalysen – verglichen mit weniger erfolgreichen Psychoanalysen – unter anderem dadurch auszeichnen, dass sich die Traumatmosphäre positiv verändert, mehr gelungene als nicht gelungene Problemlösungen stattfinden, sich das affektive Spektrum verändert (unter anderem nicht mehr wie zu Beginn Albträume vorherrschen), der Träumer kaum noch in einer Beobachterperspektive vorkommt, sondern mehr helfende Personen in der Traumhandlung auftauchen […] Zudem erwarten wir gerade bei schwer traumatisierten Patienten, dass sich in den manifesten Träumen zu Beginn der Behandlungen die Zerstörung der inneren Strukturen zeigt.« (Fischmann & Leuzinger-Bohleber, 2018, S. 171)

In Anlehnung an die Studien von Weinstein und Ellmann formuliert Leuzinger-Bohleber (2013) aufgrund dieser Ergebnisse folgende These:

> »Träume sind sowohl Ausdruck des Triebgeschehens (im Sinne endogener, innerer Quellen entstammender Stimulation) als auch von aktuellen und früheren Objektbeziehun-

gen. Das Traum-Ich ist gleichzeitig lust- und objektsuchend und erprobt Problemlösungen für aktuelle Ereignisse im Zusammenhang mit zentralen konflikthaften Komplexen. Daher können die Problemlösungen im Traum Hinweise auf turning points in der psychoanalytischen Behandlung und therapeutische Veränderungen enthalten.« (S. 267)

Ähnliche Ergebnisse fand auch Kächele in verschiedenen Studien (siehe Übersicht in Kächele, 2012).

Fischmann et al. (2012) geben einen Überblick über die vielfältigen methodischen Zugangsweisen zum Traum in der gegenwärtigen psychoanalytischen Traumforschung. Mit einem Beispiel aus der LAC-Depressionsstudie zeigen die Autoren die Veränderungen der Träume des Patienten im Verlauf der analytischen Behandlung auf. Diese bestehen vor allen Dingen in einer aktiveren Haltung des Traum-Ichs, dass sich nicht mehr passiv von unerträglichen Affekten überflutet sieht, sowie durch bessere Beziehungsmuster des Subjekts im Traum. Insbesondere nimmt das Subjekt im Traum nicht mehr eine distanzierte Beobachterposition ein, sondern ist aktiv in das Traumgeschehen involviert und um Problemlösungen bemüht, so wie schon bei Leuzinger-Bohleber (1989).

Döll-Hentschker (2008) hat ebenfalls mit dem Kodierungsmodell von Moser und von Zeppelin (1996) 142 Träume aus fünf Psychoanalysen untersucht und kommt zu dem Schluss, dass die Validität der Traumcodierung bestätigt werden konnte. Folgende Hypothesen ließen sich bestätigen:

1. Es fanden sich individuell unterschiedliche Muster der Affektregulierung in den einzelnen Fällen.
2. Es fanden sich intraindividuelle Unterschiede zwischen Behandlungsbeginn und -ende, wenn es sich um einen positiven Behandlungsverlauf handelte.
3. Es zeigten sich individuell unterschiedliche Entwicklungen für diese intraindividuellen Veränderungen.
4. Es zeigten sich geringfügige oder negative Veränderungen, wenn es sich um einen nicht erfolgreichen Behandlungsverlauf handelte.
5. Auch fanden sich Veränderungen, die nachvollziehbar und begründet im Sinne der Flexibilisierung der Affektregulierung interpretierbar waren.
6. Die bereits vorliegenden klinischen Einschätzungen fügten sich in diese empirischen Ergebnisse ein.

Deserno und Kächele (2013) fassen diese Erkenntnisse in folgender Hypothese zusammen: Die Organisation des einzelnen Traumes hängt jeweils von den Lösungen ab, die in den vorausgegangenen Träumen gefunden wurden. Dabei ist allerdings der entscheidende transformierende Faktor die Beziehung von Patient und Analytiker. Insbesondere, wie es Ihnen gelingt, die vom Traum angebotene Lösung für die lokalen Konflikte in der Übertragung zu nutzen.

Aus den genannten Ergebnissen der psychoanalytischen Forschung zur therapeutischen Arbeit mit Träumen geht hervor, dass die Arbeit mit Träumen in der Therapie sowohl diagnostische als auch therapeutische Relevanz hat. Zudem belegt diese Forschung, dass sich mithilfe von Träumen aktuelle Psychodynamiken des Träumenden und Veränderungspotentiale und -prozesse während der Therapie sichtbar machen lassen.

5.2 Exemplarische Darstellung der psychoanalytischen klinischen Traumforschung am Fall Amalie X

In einer videographierten psychoanalytischen Behandlung aus der Ulmer Textbank, die Behandlung der Amalie X, dem am besten untersuchten Einzelfall in der Geschichte der Psychotherapieforschung, wurden 96 Traumberichte identifiziert und unter verschiedenen Perspektiven untersucht (Mergenthaler et al. 2006). Diese psychoanalytische Therapie von 531 Sitzungen wurde im Rahmen der Ulmer Textbank vollständig auf Video/Audio aufgezeichnet und anschließend transkribiert, um sie dann Forschern für Fragen der Psychotherapieforschung zur Verfügung zu stellen (Kächele, Leuzinger-Bohleber, Buchheim & Thomä, 2006). Diese Analyse gilt als exemplarisch und erfolgreich, was auch durch standardisierte Messinstrumente überprüft wurde, so dass sie in verschiedenen Lehrbüchern der psychoanalytischen Therapie als Musterfall verwendet wurde. Darüber hinaus wurde sie in einer ganzen Reihe von wissenschaftlichen Untersuchungen analysiert. Im Rahmen dieser Psychoanalyse wurden insgesamt 96 Träume besprochen, zu diesen liegen ebenfalls eine Reihe von wissenschaftlichen Untersuchungen vor (Levy, Ablon, Ackerman, Thomä & Kächele, 2012; Boothe, 2006; Boothe, 2018; Kächele, Eberhardt & Leuzinger-Bohleber, 1999; Merkle, 1987; Mathys, 2001).

Die Patientin Amalie suchte in den 1970er Jahren im Alter von 35 Jahren eine Psychotherapie wegen depressiver Verstimmungen und niedrigem Selbstwertgefühl auf. Die Psychoanalyse verlief außerordentlich erfolgreich. Dies wurde neben der Beurteilung durch den behandelnden Psychotherapeuten auch durch die Anwendung von standardisierten Messinstrumenten, in diesem Falle dem Freiburger Persönlichkeitsinventar sowie dem Gießen-Test, überprüft (Kächele et al., 2006).

Die Selbstwertstörung der Patientin und die damit zusammenhängende Depression stehen in engem Zusammenhang mit einer als Hirsutismus bezeichneten erblichen Störung, an der Amalie leidet: männlicher Haarwuchs am ganzen Körper seit der Pubertät. Natürlich wurde dadurch die Entwicklung einer weiblichen Identität erheblich beeinträchtigt. Das Gefühl, stigmatisiert zu sein, vermischte sich mit zwanghaften und anderen neurotischen Symptomen und Ängsten zu einem Teufelskreis, in welchem sie immer unsicherer wurde, soziale Beziehungen und insbesondere heterosexuelle Partnerschaften aufzunehmen. Während ihrer Kindheit und Jugend war der Vater aufgrund seiner beruflichen Beschäftigung häufig abwesend, wodurch die Patientin das Gefühl hatte, zum Partnerersatz für die Mutter zu werden. In Schule und Ausbildung war sie erfolgreich und absolvierte ein Studium zur Realschullehrerin. Bis zur ersten Analyse-Stunde hatte sie keinen sexuellen Kontakt gehabt. Zu Beginn der Therapie wird sie mit einer Dysthymie (ICD-10 F34.1) diagnostiziert.

Nach den Ergebnissen der standardisierten Messinstrumente war sie nach Beendigung der Therapie weniger durch psychosomatische Symptome belastet, insgesamt zufriedener, hatte ein besseres Selbstwertgefühl, war extravertierter und gut sozial integriert.

Im Rahmen der mehrjährigen Psychoanalyse wurden, wie bereits erwähnt, insgesamt 96 Träume besprochen. Diese 96 Träume wurden aus dem transkribierten Material extrahiert und waren Gegenstand unterschiedlicher Forschungsprojekte.

In einer Studie von Merkle (1987) wurden Träume von Beginn und Ende der Therapie miteinander verglichen. Es zeigten sich systematische Veränderungen dahingehend, dass in den Träumen am Ende der Therapie bessere Beziehungen auftauchten, diese waren freundlicher und sanfter als in den frühen Träumen. Außerdem war die emotionale Atmosphäre in den Träumen freundlicher und Probleme konnten besser gelöst werden. Im Ergebnis zeigte sich, dass der Prozentsatz erfolgreicher Problemlösungsstrategien in den Träumen zum Ende der Therapie hin zunahm, während die nicht erfolgreichen Strategien abnahmen. Auch die emotionale Atmosphäre in den Träumen veränderte sich zum Ende der Behandlung hin, indem negative Emotionen über das Traum-Ich selbst abnahmen. Der Autor schlussfolgerte, dass sich die Veränderungen im Zuge der Behandlungen deutlich in der Veränderung der Struktur der Träume widerspiegeln (Kächele, 2012).

Boothe (2018) berichtet über die Ergebnisse einer erzählanalytischen Untersuchung der Träume aus verschiedenen Phasen der Therapie im Vergleich mit der interaktiven Selbstpositionierung der Patientin im therapeutischen Gespräch: Es zeigte sich, dass die Selbstbewusstheit und Autonomie in der Selbstpositionierung der Patientin in den Träumen mit denen aus den Transkripten der therapeutischen Sitzungen übereinstimmen. Darüber hinaus fiel bei der Analyse der Träume aus der Endphase der Therapie auf, dass hier das Traum-Ich an Selbstständigkeit und Selbstbewusstsein gegenüber den anderen Figuren gewonnen hatte und sich in seiner Autonomie wohlfühlte.

Diese Veränderung in den Träumen geht parallel zu den Veränderungen im Befinden der Patientin über den Verlauf der Therapie: Es kam zu einer deutlichen Verbesserung des Selbstwertgefühls. Auch das subjektive Leiden der Patientin nahm kontinuierlich über den Verlauf der Analyse ab. Die Beschäftigung der Patientin mit ihren eigenen Einschränkungen und Unsicherheiten trat zurück und stattdessen begann die Patientin aktiv auf ihre Umwelt einzuwirken und ihre Pläne zu verfolgen (Kächele et al., 2006).

Die 96 Träume des Falles Amalie X wurde ebenfalls mit der im Folgenden dargestellten Forschungsmethode der Strukturalen Traumanalyse untersucht, die die aufgezeigten Ergebnisse bestätigt. Darüber hinaus erbrachte sie weitere interessante Erkenntnisse, die eine Stellungnahme zur Gültigkeit der verschiedenen psychoanalytischen Traumtheorien ermöglicht.

6 Die Methodik der Strukturalen Traumanalyse

6.1 Grundsätzliche Probleme der wissenschaftlichen Untersuchung des Inhalts von Träumen

Wie oben aufgezeigt gibt es sowohl innerhalb der Psychoanalyse als auch außerhalb davon in der empirischen Traumforschung eine ganze Reihe von Ansätzen, den Inhalt von Träumen wissenschaftlich zu untersuchen und dabei Bezüge zum Wachleben des Träumers bzw. auch zum Verlauf von Psychotherapien herzustellen. Fonagy et al. (2012) geben einen Überblick über die relevante psychoanalytische klinische Traumforschung.

Das Problem bei psychoanalytischen Forschungsarbeiten zum Traum ist häufig, dass bestimmte Elemente der theoretischen Sichtweise auf den Traum, sei es die von Freud oder anderer, als selbstverständlich vorausgesetzt werden, und so im Rahmen der Forschung nicht mehr falsifiziert werden können. Beispielsweise geht das Codierungssystem von Moser und von Zeppelin (1991, 1996) implizit davon aus, dass der Traum die Funktion hat, den Schlaf zu schützen und untersucht auf dieser Basis sich verändernde Positionen von Elementen im Traum zueinander, wodurch der Traum diese Funktion erfüllt.

Auf der anderen Seite gibt es Kodiersysteme, wie das berühmte System von Hall und Nordby (1972), die das Auftreten von bestimmten Symbolen oder Elementen im Traum schlicht auszählen. Typische Träume bzw. Traummotive, die in dieser Klassifizierung berichtet wurden, beinhalten Aggressionen, Raubtiere, Fliegen, Fallen, Verfolgung durch feindselige Fremde, Landschaften, Unglück, Sex, Heiraten und Kinder kriegen, Prüfungen, Reisen, Schwimmen oder im Wasser sein, Beobachtung von Feuern und an einem unterirdischen Ort gefangen gehalten werden. Das Problem mit dieser Art von Klassifikation ist, dass diese typischen Traummotive ganz unterschiedliche Entitäten beschreiben – von Objekten und Lebewesen bis hin zu Handlungsmustern und Geschichtenstrukturen. Es gibt kein theoretisches Modell hinter einer solchen Klassifikation, welches die Traummotive mit einer Bedeutung für den Träumer verknüpfen könnte. Daher sind derartige Systeme nicht in der Lage, die Bedeutung von Träumen zu erfassen. Dies wurde entsprechend auch schon von Stevens (1995) kritisiert, der folgendes Beispiel gibt:

> »Simple content analyses reveal that agonistic dreams are more common among males of all ages and hedonic dreams more common among females, but both types of dreams occur in both sexes. A more significant variable than gender in determining the relative incidence of such dreams is the kind of family the individual grew up in.« (S. 249)

Ein berühmter Vorläufer solcher Auflistungen von typischen Träumen/Traummotiven stammt von Freud selbst: In seiner »Traumdeutung« (1900) beschreibt er typische Träume oder Traummotive, unter anderem Beschämung, Prüfung, Gejagt-Werden, Fliegen und Fallen und andere.

Ein neuerer Versuch, typische Traummotive auf empirischem Wege zu bestimmen, stammt von der italienischen Forschungsgruppe um Maggiolini, Morelli, Falotico und Montali (2016), die mit der manualisierten Methode »Typical Dream Questionnaire« arbeitet. Frühere Forschungsarbeiten, die diese Methode verwendeten, identifizierten als die häufigsten Traummotive Verfolgt werden (81,5 %), sexuelle Erfahrungen (76,5 %), Fallen (63,8 %) und Schulkontext (67,1 %), die interessanterweise über so unterschiedliche Länder wie Kanada, USA, Japan, Deutschland, und China konsistent sind. Die aktuelle Untersuchung der Forschungsgruppe identifiziert fünf Cluster von Träumen: Angst und Flucht, Schule, Wettkampf und Sport, Angriff und Fallen sowie räumliche Desorientierung.

Es hat bereits verschiedene Versuche gegeben, um eine Überlastung der Forschungsmethodik mit theoretischen Vorannahmen zu vermeiden und trotzdem über ein schlichtes Auszählen zu einer Interpretation der Bedeutung des Traumes zu kommen.

Morgenthaler (1992) beschreibt ein Vorgehen bei der Traumanalyse, bei dem auch die phänomenologisch-daseinsanalytische Perspektive mit einbezogen wird. Diese fordert, nichts mehr hinter den Phänomenen zu suchen und von allen Traumtheorien abzulassen. Hierbei werden unterschiedliche theoretische Annahmen, sowie daraus abgeleitete Vorgehen bei der Traumanalyse, integriert und die Analyse des Trauminhaltes wird als ein hermeneutischer Prozess verstanden. Das Traum-Ich wird so als ein handelndes Ich begriffen und daraus wird geschlussfolgert, dass sich eine Beschäftigung mit dem Traum auf die Handlungsstruktur des Traumes konzentrieren muss.

Morgenthaler kritisiert an den gängigen wissenschaftlichen Herangehensweisen, dass der Schwerpunkt bisher zu sehr auf der symbolischen Qualität der einzelnen Traumteile gelegen habe und der Handlungsfaden aus dem Blick geraten sei. Der Autor schlägt vor, Träume als imaginäre Handlungen zu verstehen und diese in derselben Weise wie auch Alltagshandlungen exploriert werden können, zu untersuchen. Alltagshandlungen könne man dahingehend untersuchen, dass nach Zielvorstellungen, nach dem Subjekt der Handlung, nach der Form der Handlung, nach Handlungsalternativen, nach der hierarchischen Organisation, dem Erfolg der Handlung und den handlungsbegleitenden Emotionen gefragt werden könne. In Analogie dazu exploriert Morgenthaler den Traum.

Obwohl hier noch kein systematisches Vorgehen beschrieben wird, findet doch eine Perspektiverweiterung in Bezug auf die Traumanalyse statt, indem nämlich der Blick auch auf die Handlungsstruktur des Traumes gerichtet wird.

Hamburger (2006) fasst den Traum als ein Narrativ auf und untersucht die Traumerzählung, basierend auf psychoanalytischen Überlegungen, unter dem Gesichtspunkt ihrer temporalen Struktur. Die Traumerzählung situiere das Arrangement eines Handlungsablaufes in der Zeit, wobei der Autor einen Schwerpunkt auf die Untersuchung legt, wie die präsentierten Zeitstrukturen auf die begleitenden Affekte des Analytikers wirken. Ein Schwerpunkt der Untersuchung liegt also auf dem interaktiven Aspekt der Traumerzählung.

Interessant ist hierbei, dass der Autor bei der Analyse der Traumnarrative einen Blick auf Handlungs- und Strukturelemente der Narrative wirft. Weiterhin exploriert er die Dramaturgie der Erzählung, indem er auf die methodische Vorgehensweise der Erzählanalyse Boothes (2002) zurückgreift, die auch für die im Folgenden vorgestellte Strukturale Traumanalyse wesentliche Impulse liefert. Obwohl das Forschungsinteresse Hamburgers in der zitierten Arbeit einen anderen Fokus hat, so wird doch deutlich, dass schon Versuche unternommen worden sind, Träume als Narrative zu behandeln und die Methodik textanalytischer Verfahren in einer fruchtbaren Weise auf Träume anzuwenden.

6.2 Exkurs: Geträumter, erinnerter und erzählter Traum

Es wird im Sinne von Moser und von Zeppelin (1996) eine Unterscheidung zwischen dem geträumten, dem erinnerten und dem erzählten Traum vorgenommen. Denn der erzählte, ebenso wie der erinnerte Traum, ist keinesfalls identisch mit jenem Traumerleben, das der Träumende in der Nacht hat.

Bildhaftes Material wird schon beim Erinnerungsvorgang in Sprache übersetzt und ist damit einer Transformation unterworfen. Wird der Traum dann erzählt oder aufgeschrieben, so ist diese Erzählung abhängig von situativen Faktoren wie dem Interesse des Zuhörenden und dessen Reaktion auf die Erzählung. In Abhängigkeit verschiedener Faktoren, z. B. dem Nachfragestil des Zuhörenden, werden manche Details erinnert, andere nicht. Dazu kommt, dass zahlreiche Träume überhaupt nicht erinnert werden und selbst die erinnerten Träume zu einem großen Teil nicht erzählt werden. Das einzige Bindeglied zwischen dem Wachleben und dem Traum stellt die Erinnerung an den Traum dar und die sprachliche Wiedergabe des Traumes. Hiermit wird gleichsam der Fokus vom träumenden Individuum auf eine Interaktion erweitert (Moser & von Zeppelin, 1996) – und sei es eine Interaktion des Träumenden mit sich selbst, wenn er sich erinnernd daran macht, den Traum zu verschriftlichen und damit den Traum sich selbst erzählt. Erst in dem Moment also, in dem der Traum einer Transformation im Sinne einer Erinnerung und Versprachlichung erfährt, wird er zu einem kommunikativen Objekt und somit auch der wissenschaftlichen Forschung zugänglich. Da die Traumerinnerung nicht dem während des Schlafes geträumten Traum entspricht, könnte man einerseits sagen, dass das eigentliche Phänomen des geträumten Traumes einer wissenschaftlichen Erforschung, zumindest was seine Bedeutung betrifft, grundsätzlich nicht zugänglich ist. Andererseits gehen psychoanalytische Traumforscher davon aus, dass die Traumerzählung als Forschungsobjekt zugelassen werden kann und verstehen diese als Ausdruck des im wachen Tageserleben sich weiterentwickelnden Traumprozesses (Hamburger,

1999). Allerdings wird davon ausgegangen, dass zumindest eine strukturelle Identität des geträumten und erinnerten bzw. wiedergegebenen Traumes besteht (Moser & von Zeppelin, 1999). Von besonderem Interesse sind in neueren psychoanalytischen Arbeiten die Darstellung des Traumes und seine Modellierung durch den Erzählenden. Der Traum wird somit als Erzählung oder Narrativ behandelt.

6.3 Eine strukturalistische Betrachtungsweise

Für die klinische Traumforschung sind insbesondere die folgenden Fragestellungen von Interesse:

- Ist der Inhalt der Träume verknüpft mit der psychischen Situation (der inneren Welt) des Träumers und insbesondere mit psychischen Problemen oder Störungen?
- Wenn im Rahmen der Psychotherapie therapeutische Veränderung stattfindet, findet sich eine Parallele dazu im Inhalt der Träume?
- Wie kann man dann die Funktion der Träume verstehen: Geben Träume in diesem Sinne eher ein Bild der Gesamtsituation der Psyche unter Einschluss unbewusster Aspekte (Jung) wieder oder muss der Trauminhalt eher als eine Verzerrung der latenten (unbewussten) Bedeutung betrachtet werden und erfüllt die Funktion der Wunscherfüllung (Freud)?

Geht man einmal von der von Jung vertretenen Perspektive aus, dass der Traum eine Abbildung der aktuellen psychischen Situation des Träumers darstellt (die durch die oben dargestellte empirische Traumforschung eher unterstützt wird), so würde sich die Verknüpfung zwischen Trauminhalt und psychischen Problemen bzw. Situation des Träumers vor allem in dem Verhältnis zwischen Traum-Ich und anderen Figuren im Traum widerspiegeln – im Sinne eines Ausmaßes der Aktivität des Traum-Ichs (*agency*) sowie seiner Fähigkeit zu handeln, Willenskraft auszuüben und mit Problemen im Traum umzugehen und diese zu bewältigen.

Fischmann und Leuzinger-Bohleber (2018), auch wenn deren Ansatz eher auf einem freudianischen Modell des Traumes basiert, formulieren in Anlehnung an das schon vorgestellte Modell von Moser und von Zeppelin eine ganz ähnliche Vorstellung:

> »Demnach kann angenommen werden, dass ein Traumkomplex einem oder mehreren im Langzeitgedächtnis gespeicherten Komplexen entstammt, die ihre Wurzeln in konflikthaften und/oder traumatischen Erfahrungen und in meist damit verbundenen Introjekten ihren Niederschlag gefunden haben. Diese konflikthaften oder traumatischen Traumkomplexe können leicht durch solche Stimuli aus der Außenwelt getriggert werden, die strukturell den im Gedächtnis gespeicherten Situationen der Komplexe ähneln. Die angestrebte Lösung des Komplexes wird bestimmt durch das Bedürfnis nach Sicherheit und den Wunsch, am sozialen Leben teilzuhaben bzw. sich in Beziehungen einzulassen.« (S. 169)

Die Überlegung, dass aus psychoanalytischer Sicht insbesondere das Verhältnis des Traum-Ichs zu den anderen Elementen im Traum interessant ist und dass sich in der Aktivität des Traum-Ichs und deren Gelingen das widerspiegelt, was man in der Psychoanalyse als Ich-Stärke (bzw. strukturelle Integration oder Reife) bezeichnet, wird durch weitere Konzepte aus der empirischen Traumforschung unterstützt. Als Beispiel seien hier die bereits angeführten Erkenntnisse zu Tierträumen bei Kindern und Erwachsenen von Hall (1966) erwähnt (▶ Kap. 3.7.1).

Vorteile einer solchen strukturalistischen Betrachtungsweise, bei der nicht einzelne Elemente des Traumes, sondern vielmehr das Verhältnis von Elementen im Traum zueinander (hier: des Traum-Ichs zu den anderen Elementen im Traum) im Fokus steht, sind z. B.:

- Als Ergebnis einer solchen Forschung stünden nicht mehr disparate Elemente, die auf einer Auszählung basieren, sondern vielmehr strukturelle Muster und die Frage, wie sich diese über eine Traumserie hinweg verändern.
- Eine solche Methode würde keine, wie oben schon aufgezeigt und bei anderen Forschungsmethoden häufig der Fall, sehr stark theoretischen Konzepte beinhalten, welche sie dann nicht mehr als solche überprüfen kann.

6.4 Strukturale Traumanalyse

Aus diesem Grund wurde versucht, mit der Strukturalen Traumanalyse eine Methode zu entwickeln, die solche auf psychodynamischen Überlegungen basierende Vorannahmen nicht zu Grunde legt, sondern erkenntnistheoretisch unvoreingenommen an den Traum herangeht. Strukturale Traumanalyse untersucht Träume aus einer strukturalistischen Perspektive. Dabei wird davon ausgegangen, dass die Bedeutung des Traumes nicht so sehr darin besteht, dass er bestimmte Symbole oder Elemente enthält, sondern die Bedeutung vielmehr in der Beziehung zwischen den Elementen des Traumes liegt, insbesondere der Einstellung und Aktivität des Traum-Ichs in Bezug zu den anderen Elementen und Figuren des Traumes sowie dem Handlungsablauf.

Es wurde versucht, eine systematische wissenschaftliche Methode zu kreieren, mit der Bedeutungsstrukturen in Träumen identifiziert werden können. Dies soll wissenschaftlichen Kriterien genügen, d. h. einer größtmöglichen Objektivität, Systematik und Transparenz des Vorgehens sowie einer intersubjektiven Nachvollziehbarkeit der Methode und des Zustandekommens der Ergebnisse. Da es sich bei Träumen aber um Bedeutungsstrukturen handelt und nicht um physische Dinge, ist hierfür ein interpretatives Vorgehen notwendig, da Bedeutungen immer nur von Subjekten in einem hermeneutischen Prozeß identifiziert werden können. Zugleich ist es jedoch im Rahmen der Qualitativen Methodik möglich, diesen Sinnrekonstruktionsprozeß intersubjektiv nachvollziehbar, d. h. gewissermaßen objektiv, und methodisch systematisch zu gestalten und beschreibbar zu machen.

Hierzu werden Träume als Narrative betrachtet, was es ermöglicht, Methoden der wissenschaftlichen Analyse von Erzählungen und Erzählstrukturen aus der narratologischen Forschung (Lucius-Hoene & Deppermann, 2004) zu verwenden. Zur Entwicklung der hier dargestellten Forschungsmethodik wurden die Vorgehensweisen der Erzählanalyse JAKOB (Boothe, 1994) sowie der funktionalen Märchenanalyse bei Propp (1975) auf ihre Anwendbarkeit auf Traumnarrative untersucht und daraufhin bestimmte Analyseelemente übernommen bzw. adaptiert. Darüber hinaus wurden diese Analayseelemente mit einem systematisierten Vorgehen der Amplifikation gekoppelt.

Die Morphologie des Märchens nach Wladimir Propp

Bei der Entwicklung der Strukturalen Traumanalyse wurde auf die Methodik zur Analyse morphologischer Merkmale von Märchen nach Wladimir Propp (1975) zurückgegriffen, eine ebenfalls strukturalistische Herangehensweise. Eine systematische Beschreibung der Märchen hatte bis dahin überhaupt nicht stattgefunden, wohl wurden aber Klassifizierungen, Deutungen und Vergleiche vorgenommen. Propp kritisierte ein solches Vorgehen, indem er annahm, dass solche Klassifizierungs- und Deutungsversuche ohne die Grundlage einer systematischen Analyse von Strukturmerkmalen, zu keinem Erfolg führen können. In diesem Zusammenhang ist unter dem Begriff der Morphologie die Lehre von den Bestandteilen des Märchens zu verstehen und das Verhältnis dieser einzelnen Bestandteile zueinander und zum Ganzen. Das Ziel einer morphologischen Untersuchung ist die Ermittlung des strukturellen Aufbaus des Märchens.

Der Autor ging so vor, dass er die in Europa bekannten Zaubermärchen zunächst einmal auf ihre strukturellen Merkmale reduzierte. Bei der Frage danach, wie sich die Struktur der Zaubermärchen exakt beschreiben ließe, stellte sich heraus, dass Handlungen und Handlungsabfolgen innerhalb eines Märchens über nahezu alle untersuchten Märchen hinweg eine hohe Konstanz aufweisen. Es zeigte sich, dass im Handlungsverlauf der Märchen gleichartige Handlungen verschiedensten Personen zugeordnet sind und dass auch die Handlungsmittel eine hohe Variabilität aufweisen. Die Handlungen selbst allerdings weisen verblüffend wenig Variation auf. Da also die Handlung innerhalb der Zaubermärchen eine konstante Größe darstellt, ist es sinnvoll, diese als Analyseelement zu verwenden. Propp allerdings benutzt hier einen anderen Begriff. Er ersetzt den Begriff der Handlung durch den Begriff der Funktion, wobei unter Funktion die »Aktion einer handelnden Person« verstanden wird. Diese werde »unter dem Aspekt ihrer Bedeutung für den Gang der Handlung definiert« (Propp, 1975, S. 67). Es zeigt sich, dass innerhalb eines Märchens nur eine relativ geringe Anzahl von Funktionen existiert. Nicht nur das: Die Reihenfolge der Funktionen ist immer dieselbe, wobei aber nicht in jedem Märchen sämtliche Funktionen enthalten sind. Das Fehlen einzelner Elemente beeinflusst aber nicht das Gesetz der Reihenfolge. Eine Klassifizierung von Märchen und die Erstellung eines Typenkatalogs sind auf diesem

6.4 Strukturale Traumanalyse

Wege, also der Untersuchung des Märchens auf seine Funktionen hin, sehr präzise möglich geworden. Alle Märchen, die ein und dieselbe Abfolge von Funktionen aufweisen, können dann einem Märchentyp zugeordnet werden.

Das von Propp vorgeschlagene Vorgehen zeichnet sich durch ein stark induktives Vorgehen aus. Es werden keine Mutmaßungen angestellt oder auf theoretische Vorannahmen rekurriert. Vielmehr handelt es sich um eine Form der Analyse, die sich immer direkt auf das Quellenmaterial bezieht.

Erzählanalyse JAKOB nach Brigitte Boothe

Die von Brigitte Boothe (1994) entwickelte Erzählanalyse JAKOB ist ein qualitatives Untersuchungsinstrument, mit Hilfe dessen mündliche Alltagserzählungen analysiert und psychotherapeutische Prozesse erforscht werden können. Der Name des Instrumentes leitet sich aus der zentralen Bedeutung der in den Narrativen vorzufindenden Figuren – der Objekte und deren Handlungen und Aktionen – ab. Die Autorin entwickelte das Verfahren in den frühen 1990er Jahren in Reaktion auf die Wahrnehmung eines Fehlens integrativer psychoanalytischer Konzepte der Alltagserzählung. JAKOB wird sowohl in der Erzähl- und Psychotherapieforschung als auch in der Praxis angewandt, wo sie den Blick für das Erzählen im psychotherapeutischen Setting schärfen kann.

Mit Hilfe der Erzählanalyse wird es möglich, organisierende Elemente einer Erzählung zu erarbeiten. Diese werden verstanden als dramaturgische Modellierung eines emotionalen Verarbeitungsprozesses. Das autobiographische Narrativ, welches in der therapeutischen Situation vom Patienten geäußert wird, kann in diesem Zusammenhang als ein Ausdruck des emotional bedeutsamen Beziehungs- aber auch Selbsterlebens behandelt werden. Der Erzählende präsentiert in diesem Sinne persönliches Erleben, um damit auszudrücken, in welcher Weise er sich darin verstrickt wahrnimmt und erlebt. Die Erzählanalyse JAKOB bedient sich dabei in ihrer Begrifflichkeit eines Bühnenmodells. Dies bedeutet, dass der Erzählende als ein Regisseur behandelt wird, der sein Anliegen in einem narrativen Prozess inszeniert. Der Raum des Geschehens, auftretende Figuren und deren Aktionsradius zueinander werden vom Erzähler in Szene gesetzt – man könnte auch sagen, sie werden in einem kreativen Prozess konstruiert. Indem die Erzählanalyse JAKOB ein Augenmerk auf die strukturellen und dramaturgischen Merkmale des Narrativs legt, wird es auf der Grundlage psychoanalytischer Überlegungen möglich, Hypothesen über Konfliktthemen des Erzählers, über einer Wunsch-Angst-Problematik und über das Beziehungsgeschehen zu generieren.

Ein weiterer Aspekt der Erzählanalyse ist die Beschreibung episodischer Modelle, welche die Illustration der Spannungsorganisation einer Erzählung darstellen. Die sich in einem episodischen Modell organisierende Verlaufsform eines Narrativs wird in der Erzählanalyse als eine Inszenierung verstanden, die einen Spannungsbogen von einem Startzustand bis zum Ergebnis- oder Zielzustand bildet. Die Spannungsorganisation zwischen Start und Ziel kann als eine Art erzählerische Kombinatorik behandelt werden. Boothe beschreibt nun also verschiedene Formen dieser Spannungsorganisation, welche als episodische Modelle bezeichnet werden. Beispielsweise kann sich die Spannungsorganisation von einem Start zu einem Zielzustand dergestalt entwickeln, dass sich in der Erzählung ein kontinuierlicher Aufstieg im Sinne eines Stufenprozesses des Wachstums und Fortschrittes vollzieht.

Dieses Vorgehen hat eine Parallele zu Jungs Ausführungen zum Wesen der Träume, nämlich dass deren Aufbau dem des klassischen Dramas ähnelt (Jung, 1967). Denn das klassische Drama enthält außer der *Exposition* (vgl. *Startdynamik*) und der *Lysis* (vgl. *Ergebnisdynamik*) zwei weitere Momente. Es handelt sich dabei nach Jung (1967) zunächst einmal um die *Verwicklung*, durch die eine neue Intention in den Handlungsverlauf eingeführt wird. Diese verlangt nach einer Verwirklichung oder Auflösung. Durch die Verwicklung kommt es dann zu einer krisenhaften Zuspitzung oder auch *Peripetie*, welche den Spannungshöhepunkt des Dramas darstellt.

Ein weiteres wichtiges Element in der Erzählanalyse ist die Betrachtung der Initiative des erzählten Ichs innerhalb der narrativen Konstruktion: Beschreibt sich der Erzähler z.B selbst als Initiator der Handlung oder eher als der Initiative anderer unterworfen usw.

Mit dieser Methodik werden Traumserien aus abgeschlossenen Psychotherapien untersucht, um aus den Träumen allein eine umfassende Beschreibung der Problematik des Träumers sowie der Veränderung der Probleme und Themen und insbesondere der Ich-Stärke über den Verlauf der Therapie zu generieren. Erst nach Abschluss dieser Analyse wird das Ergebnis mit dem Bericht des behandelnden Therapeuten über den Patienten und den Verlauf der Therapie verglichen (für eine ausführliche Darstellung der Forschungsmethode siehe Roesler, 2018). Im Folgenden ist ein Überblick über die methodischen Schritte der Strukturalen Traumanalyse aufgeführt:

- *Aktualisierung: Es erfolgt eine* Transkription des interessierenden Textmaterials und eine Extraktion sowie die Segmentierung der erzählten Episoden.
- *Regie:* Die Segmente werden daraufhin untersucht, inwiefern sie dem narrativen Kern- oder dem narrativen Rahmen der Erzählung zuzuordnen sind.
- *Akteurschicksal:* Die Narrative werden hier unter dem Blickwinkel der Positionierung des Ichs und seiner Initiative betrachtet:
  - Nur Ich-Initiative: Die Initiative geht in allen Handlungsphasen vom erzählten Ich aus. Das Ich befindet sich also durchweg in der Subjektposition.
  - Nur-Fremdinitiative: Die Initiative geht in allen Handlungsphasen von anderen Akteuren aus. Das Ich befindet sich also nie in der Subjektposition.
  - Abgabe von Initiative: Das erzählte Ich tritt zu Beginn der Erzählung, möglicherweise parallel mit anderen Figuren, als Initiator auf, befindet sich aber zum Ende der Episode in der Objektposition.

- Übernahme von Initiative: Das erzählte Ich befindet sich zu Beginn der Handlungsphase in der Objektposition, übernimmt aber zum Handlungsabschluss die Subjektposition.
- Wiederaufnahme von Initiative: Das erzählte Ich befindet sich sowohl zu Beginn als auch zum Ende der Handlungsentwicklung in der Subjektposition. Im Verlauf der Episode befinden sich aber auch andere Figuren in der Subjektposition.
- Einbettung in Fremdinitiative: Das erzählte Ich befindet sich im Verlauf der Handlungsentwicklung zwar ein- oder auch mehrmals in der Subjektposition, hat diese aber zu Beginn- und auch zum Ende der Episode nicht inne (Formulierung der Funktionen im Sinne Propps). Sich wiederholende Muster von Funktionen (z. B. Bedrohung – Flucht; s. u.) werden markiert.
- *Extraktion der markierten Funktionen und Herausarbeitung des Grundgerüsts der Traumserie*
- *Amplifikation der Traumsymbole:* Die prägnantesten Symbole der Traumserie werden in diesem Schritt herausgegriffen und mit Hilfe eines Symbollexikons (z. B. Cooper, 1978) amplifiziert.
- *Übernahme der Amplifikationen:* Die Amplifikation wird aufgenommen und dazu genutzt, alle Traumnarrative einer Traumserie in psychologische Termini zu übersetzen. Hierbei wird nicht jeder Traum einzeln behandelt, sondern es werden diejenigen Traumnarrative zu Themenkomplexen zusammengeführt, welche eine ähnliche Struktur bzw. ähnliche Symbole beinhalten.

Im Folgenden wird diese Methodik an einem Fallbeispiel einer Traumserie aus einer analytischen Psychotherapie illustriert (Roesler, 2018c).

6.5 Exemplarische Analyse einer Traumserie aus einer analytischen Psychotherapie

Der Patient meldete sich zur Psychotherapie, nachdem er eine mehrjährige Haftstrafe wegen schwerer Körperverletzung in zahlreichen Fällen verbüßt hatte. Bei der Entlassung hatte man ihm eine Psychotherapie empfohlen. Im Gefängnis hatte der Klient eine religiöse Konversion durchlaufen und sich einer fundamentalistischen christlichen Sekte angeschlossen. Er hatte seine Gewalttätigkeit völlig in den Griff bekommen, auch mithilfe der rigiden Moral seiner Sekte. Er litt aber immer wieder unter schwer zu beschreibenden, kaum aushaltbaren Zuständen von Anspannung, Unruhe und innerer Leere. Das einzige Mittel, diese Zustände zu bekämpfen, war für ihn der Konsum von pornographischen Videos, insbesondere solche, bei denen Frauen Gewalt angetan wurde. Dann komme er innerlich zur Ruhe, fühle sich aber danach wie ausgebrannt. Nach einiger Zeit baue sich dann die innere Unruhe wieder auf.

Der Patient war in sozial äußerst schwierigen Verhältnissen aufgewachsen und erlebte eine schwerst belastete Kindheit. Die Mutter hatte einen Migrationshintergrund, der Vater hatte sie aus dem Heimatland nach Deutschland gebracht. Seine Mutter habe bis heute nicht richtig Deutsch sprechen gelernt und verhalte sich bis heute in sozialen Situationen äußerst ungeschickt, berichtete der Klient. Vermutlich liegt eine leichte geistige Behinderung vor. Er habe seine Mutter nicht achten können, später dann sogar abgelehnt. Er könne ihren Körpergeruch nicht ertragen. Sie habe ihn schon als Kind immer körperlich »betüttelt« und an ihm »rumgetatscht«, aber »nicht begriffen, was abläuft«. Der Vater war Alkoholiker gewesen und hatte sich im volltrunkenen Zustand immer eines der Kinder gepackt und durchgeprügelt. Einmal wurde der Klient vom Vater so am Hals gewürgt, dass er glaubte, sterben zu müssen. Die Mutter habe den Vater nicht bremsen können. Als Kinder hätten sie immer versucht zu erkennen, in welchem Zustand der Vater war, um sich dann gegebenenfalls zu verstecken. Der Vater sei aber sehr unberechenbar gewesen. Als der Patient etwa 14 oder 15 Jahre alt war, habe er begonnen zurückzuschlagen, daraufhin habe der Vater ihn in Ruhe gelassen.

Der Vater besaß eine riesige Sammlung pornographischer Videos, die im Schlafzimmer in einem Wandschrank versteckt war, wovon der Klient äußerst fasziniert war. Offenbar hatte der Vater eine sexuelle Obsession und gab für Prostituierte so viel Geld aus, dass er die Familie damit mehrfach fast ruiniert hätte. Der Vater war auch selbst wegen Diebstahl straffällig. Im Jugendalter wurde der Klient aufgrund der häuslichen Verhältnisse vom Jugendamt in einer Pflegefamilie untergebracht, in der es offenbar zu einem sexuellen Missbrauch durch die Pflegemutter kam. Sobald als möglich lebte der Klient dann allein und schloss sich einer Gruppe krimineller Jugendlicher an, mit der er zahlreiche Gewalttaten verübte, wofür er dann auch schließlich verurteilt wurde.

Durch diese Aufwachsensbedingungen und die in der Familie erlebte Gewalt ist von einer schweren Traumatisierung des Klienten auszugehen. Dies erklärt auch die immer wieder auftretenden depressiven Zustände. Die Frustration grundlegender Bedürfnisse müssen zusammen mit der vom Vater erfahrenen Gewalt ein enormes Aggressionspotential (sowohl im Sinne von Frustrationsaggression als auch von Modelllernen) beim Patienten geschaffen haben, das sich im Zusammengehen mit der defizitären Selbstkontrolle ganz offensichtlich über lange Zeiten hinweg in manifester Gewalt gegen Personen entladen hat. Die frühere gewalttätige Orientierung kann als ein verzweifelter Kompensationsversuch für die innere Leere und die tiefe Frustration aufgrund der Mangelerfahrung verstanden werden. Beeindruckend ist seine eigenständige Überwindung dieser Gewalttätigkeit im Rahmen der Haft und die Orientierung an einem strengen Moralgebäude, das im Sinne eines rigiden Über-Ichs das schwache Ich stabilisiert. Dies kann allerdings nicht das Auftreten von Zuständen tiefer innerer Leere verhindern. Der Konsum gewalthaltiger Pornovideos kann als Suchtmittel zur Bekämpfung der Depression verstanden werden.

Im Laufe der ca. sechsjährigen Psychotherapie wurden zahlreiche Träume bearbeitet. Die folgende Liste der Träume des Patienten deckt den gesamten Zeitraum der Therapie ab:

6.5 Exemplarische Analyse einer Traumserie aus einer analytischen Psychotherapie

1. Ich bin eine Straße runtergelaufen, in der Finsternis. Rechts und links Gatter und Häuschen. Scharen bellender Hunde springen gegen die Gatter. Ich habe Angst, aber dann bekomme ich Mut. Ich habe selbst einen Hund aggressiv angebellt und der wurde ruhig.
2. Ich bin mit einem Fahrrad unterwegs bergauf. Es ist anstrengend. Um mich herum große Bäume, es ist wie im Gebirge. Oben ist ein kleiner weißer Pudel, der hat gebellt, ist an der Leine. Ich bin weitergefahren, bergab in Serpentinen. Dobermänner sind hinter mir her, konnte sie nicht abhängen wegen den Kurven. Sie rennen neben mir her und bellen mich an. Es ist dann hell und sonnig, oben auf dem Pass ist es schön. Eine Gastronomie wie in Italien, schöne Häuser. Oben auf dem Pass kommen die schwarzen Hunde.
3. Am stehenden Wasser, ein Fluss? Da ist ein Steg, jemand ist auf der anderen Seite, der fällt ins Wasser. Er ist wie unter das Holz gerutscht. Ich habe ihn rausgezogen, aber erst nach Zögern. Er ist wie tot. Aber der hat ein Teppichmesser und hat dem anderen Helfer die Kehle durchgeschnitten. Ich fliehe.
4. (in schwarz-weiß): Bei einem Bahnhof, dessen Gleise mit fünf Brücken eine Straßenunterführung überbrücken. Ein Mädchen und eine andere Person, die masochistisch wirkt, und ein schwarzer energievoller Hund. Der Hund zieht die zweite Person mit bis ins Wasser, einen Tümpel, später wieder aus dem Wasser raus und einen Abhang hoch. Die Person befriedigt sich selbst oral, dann sehe ich, dass er den Hund oral befriedigt. Dann an einem Hochhaus. Ich sage: »Der Hund muss angeleint werden.« Die masochistische Person sagt: »Man muss den Hund streicheln.« Ich: »Nein, er muss angeleint werden und dann weg.« Masochistische Person ist beleidigt und geht in das Hochhaus. Die andere Person sagt: »Du musst ihm nach, er ist beleidigt.« Der Hund hat gestunken, ich habe ihn abgelehnt und Ekel empfunden.
5. Ein älterer, nicht gut riechender Hund ist mit mir und meiner Freundin in Paris. Er ist uns zugelaufen. Wir steigen in einen Bus, der Hund konnte nicht mit, wir haben ihn draußen sitzen gelassen. Sind schon außerhalb der Stadt, fahren zurück zur Stadt aber auf einer Autobahn. Der Hund hätte nicht hinterherlaufen können.
6. Ich war in einem Haus Verwalter im Café. Ich wurde hinaufbefördert (wie Joseph im Haus des Potifar). Ein Vater mit kleinem Sohn wird verabschiedet, er ist im Hinterhof. Dort ist ein alter Mann mit einem Pitbull. Er sagt: »Ich kann dir zeigen, wie böse der ist.« Ich musste aber gleich weggehen. Ich gehe einen Weinberg hinauf. Der Hund ist los und geht zähnefletschend auf mich los, aber ich springe über Zaun und Mauer. Der Weg geht den Weinberg hoch und auf der anderen Seite wieder hinunter.
7. In einer Landkneipe: Zwei Rumänen kommen herein und betteln. Ich erinnere mich: Das letzte Mal waren sie vermummt und haben einen Überfall gemacht. Ich fahre mit dem Motorrad weg. Ich will die Polizei benachrichtigen, weil ich jetzt das Gesicht kenne.
8. Ein kleines Baby ist in Not. Ich wickele es in ein Zeitungspapier und nehme es mit durch ein Rohrsystem. Dann vergesse ich es aber und lasse es wohl irgendwo liegen. Ich habe es dann aber gemerkt, dass es fehlt, und bin zurück und habe es in den Röhren wiedergefunden. Ich habe es weitergeschleppt

und gefüttert. Ich habe gedacht: Eigentlich ist es so klein, es bräuchte Muttermilch, aber ich habe ihm festes Essen gefüttert.
9. Ich sitze auf einer Couch im Garten. Ein Mann mit zwei Bierflaschen in der Hand setzt sich dazu und gibt mir eine (mein Vater?). Ich habe das Gefühl den anderen zu betrügen, dass das unrechtmäßig ist. Wir trinken gemeinsam Bier.
10. Mein Vater war 49 Jahre alt und ist gestorben. Ich war ganz unberührt. Es war seltsam, dass er so jung gestorben ist. Wir haben gar nicht so ein langes Leben wie meine Oma, die wurde 102 Jahre alt.
11. Ich habe einen riesigen Zeh gesehen. Die Nagelhaut war weit vorgewachsen. Ich dachte: Die muss man wegmachen. Sie ging ganz leicht zurück. Da war eine andere Schicht wie das Nagelbett, ging ganz leicht runter. Das hat gar nicht wehgetan obwohl ich das vorher dachte. Darunter waren ganz kleine schwarze Würmer, alles verfault, aber es ließ sich ganz leicht wegwischen. Darunter war es wie neu.

Die folgenden Tabellen stellen die Ergebnisse der Auswertung zum Akteurschicksal (▶ Tab. 6.1), zu den Funktionen (▶ Tab. 6.2) sowie zur Amplifikation zentraler Symbole dar (▶ Tab. 6.3).

Tab. 6.1: Ergebnisse der Träume mit Akteurschicksal

	Akteurschicksal
Traum 1	Wiederaufnahme von Initiative
Traum 2	Abgabe von Initiative
Traum 3	Übernahme von Initiative
Traum 4	Einbettung in Fremdinitiative
Traum 5	Einbettung in Fremdinitiative
Traum 6	Übernahme von Initiative
Traum 7	Übernahme von Initiative
Traum 8	Nur Ich-Initiative
Traum 9	Abgabe von Initiative
Traum 10	Nicht bestimmbar
Traum 11	Nur Ich- Initiative

Tab. 6.2: Funktionen der Träume

6.5 Exemplarische Analyse einer Traumserie aus einer analytischen Psychotherapie

	Funktion I	Funktion II	Funktion III	Funktion IV	Funktion V	Funktion VI	Funktion VII	Funktion VIII
Traum 1	0 Ausgangssituation	BD Bedrohung	S konstruktive Strategie					
Traum 2	0 Ausgangssituation	↑ Weg nach oben	BD Bedrohung	↓ Weg nach unten	V Verfolgung	F Flucht	↑ Weg nach oben	BD Bedrohung
Traum 3	0 Ausgangssituation	W Wasser	WT Wahrnehmung/Tod/Schaden	H Hilfe/Unterstützung	BD Bedrohung	F Flucht		
Traum 4	0 Ausgangssituation	VSCH Verschiebung	& Sexuelle Handlung	KS Konfliktsituation	KL Aufforderung/Konfliktlösung	EK Ekel		
Traum 5	0 Ausgangssituation	V Verfolgung	EK Ekel	O angestrebter Ortswechsel	V- Abbruch/Verfolgung			
Traum 6	0 Ausgangssituation	II Gradation	VE Verabschiedung	BD Bedrohung	V Verfolgung	F Flucht	V- Abbruch/Verfolgung	
Traum 7	0 Ausgangssituation	BH Bitte um Hilfe/Unterstützung	BD Bedrohung	S konstruktive Strategie				
Traum 8	BH Bitte um Hilfe/Unterstützung	H Hilfe/Unterstützung	VG Vergessen	HW Handlungswiederaufnahme	IH inadäquate Hilfsmittel			

6 Die Methodik der Strukturalen Traumanalyse

Tab. 6.2: Funktionen der Träume – Fortsetzung

	Funktion I	Funktion II	Funktion III	Funktion IV	Funktion V	Funktion VI	Funktion VII	Funktion VIII
Traum 9	0 Ausgangs- situation	UH unrechtmäßige Handlung						
Traum 10	WT Wahrneh- mungTod/ Schaden							
Traum 11	GM gewünschte Modifikation	M Modifikation	RE Erneuerung/ Regeneration					

Tab. 6.3: Amplifikation sich wiederholender/wichtiger Symbole

Symbol	Vorkommen	Amplifikation
Hund	Traumerzählung 1, 2, 4, 5 und 6	In zahlreichen Kulturen steht der Hund in Zusammenhang mit dem Tod. Beispielsweise in Ägypten und Griechenland bewacht der Hund das Totenreich und ist ein Mittler zwischen der Welt der Lebenden und der Toten. Die Götter mehrdeutiger und nächtlich-dunkler Bereiche erscheinen des Öfteren in Hundegestalt. Das Symbol des Hundes hat insofern eine ambivalente Bedeutung, als mit ihm einerseits Weisheit, Güte und Frömmigkeit verbunden werden (weißer Hund), andererseits aber auch niedere Regungen wie Unreinheit, Laster und Neid (dunkler Hund). Auch wird er mit dem Bösen in Verbindung gebracht. In manchen Kulturen erscheint der Hund als Ahnvater und Erzeuger des Menschen und der Zivilisation aufgrund der ihm zuerkannten Weisheit und starken Sexualkraft.
Kind	Traumerzählung 8	Das Kind stellt ein Symbol für Unschuld und Unbefangenheit dar. Auch repräsentiert es das Anfängliche und eine damit verbundene Fülle an Möglichkeiten.
Fuß/Zeh	Traumerzählung 11	Der Fuß/Zeh ist der mit der Erde am engsten verbundene Körperteil. Symbolisch steht er als Organ der Fortbewegung in einer engen Verbindung mit dem Willen. Dem Fuß wird, unter anderem auch im Rahmen der Psychoanalyse, eine phallische Bedeutung gegeben. Auf diesen Bedeutungsaspekt des Symbols bezogen können nackte Füße auch eine entscheidende Rolle bei Fruchtbarkeits- und Reiferitualen spielen (z. B. in Ägypten).
Wurm	Traumerzählung 11	Es handelt sich beim Wurm um ein unter der Erde und im Schmutz lebendes Wesen. Daher wird das Tier in einigen Völkern mit der Schlange und dem Teufel assoziiert. Auch wird der Wurm in Verbindung gebracht mit aus dem Tod und der Dunkelheit neu erwachenden Lebens.

6.5.1 Zusammenfassung der Ergebnisse und Interpretation der Traumserie

Als ein Ergebnis vor allem der strukturellen Analyse fällt auf, dass sich bis etwa zur Mitte der Traumserie ein Muster von Bedrohung des Traum-Ichs und scheiternden Versuchen, mit dieser Bedrohung umzugehen, wiederholt – z. B. häufig Flucht vor der Bedrohung, bei der die Bedrohung aber nicht aufgelöst wird. Wie weiter unten ausgeführt, ist dies einer der häufigsten Traumtypen, der sich häufig zu Beginn von Psychotherapien findet. Darüber hinaus geht die Bedrohung zumindest im ersten Teil der Traumserie in der Regel von Hunden aus, daher wurde mithilfe der Amplifikation versucht, diesen bedrohlichen Aspekt psychologisch zu beschreiben. Parallel zu diesem Muster lässt sich in der ersten Hälfte der Traumserie beobachten, dass das Traum-Ich die Initiative abgibt oder verliert oder von Anfang an nicht hat, während sich dies in der zweiten Hälfte dahingehend verändert dahingehend, dass zunehmend mehr ich-Initiative vorherrscht.

Da es sich bei den Hunden der vorliegenden Traumserie vornehmlich um »schwarze« und kampfeslustige Hunde handelt, scheint es in diesem Falle eher angebracht, das ambivalente Sinnbild des Hundes in seiner negativen Seite zu betrachten: Der Hund also als ein Wesen, welches das Totenreich bewacht. Somit sind dunkle, unüberschaubare und nächtliche Bereiche, aber auch ein triebhafter Aspekt mit dem Hund zu verbinden, welchem eine starke Sexualkraft und ein ausgeprägter Sexualtrieb innewohnen. In gleicher Weise können die Personen, welche das Traum-Ich in den Traumnarrativen bedrohen, verstanden werden. Vornehmlich handelt es sich dabei um brutale Verbrechergestalten, die anderen Personen und so auch dem Traum-Ich einen Schaden zufügen wollen.

Das Traum-Ich empfindet die Konfrontation mit diesen Aspekten als bedrohlich und fühlt sich davon verfolgt. Zwar reagiert das Traum-Ich in Traum 1 aggressiv auf die Bedrohung und bewältigt die Situation. Generell aber lässt sich sagen, dass zu Beginn der Traumserie das Traum-Ich mit der Bedrohung nicht umgehen, sondern nur flüchten kann und verfolgt wird. In Traum 7 erkennt das Traum-Ich die Bedrohlichkeit rechtzeitig und kann sich vor einer Überwältigung dieser aggressiven Kräfte schützen, indem es sich auf den Weg macht, um die Polizei einzuschalten. Die Polizei könnte als eine Instanz verstanden werden, welche dafür sorgt, dass bestehende Gesetze eingehalten werden und die Welt nicht in Anarchie und Chaos versinkt – also als einen Wirkfaktor, welcher den Einfluss des Unbewussten auf das Bewusstsein so dosiert, dass das Ich nicht zusammenbricht. In der Mehrzahl der Traumnarrative allerdings flieht das Traum-Ich vor Verfolgungen und/oder Bedrohungen. Schrittweise nimmt dann allerdings die Bedrohung ab. Das Traum-Ich empfindet nun Ekel gegenüber jenen Hunden, welche ihm begegnen. Eine wahrgenommene Bedrohung wird hier also abgelöst durch einen Ekel und eine Ablehnung des Hundeaspektes.

Das Thema der erforderlichen Hilfeleistung/Unterstützung wird schon in Traum 3 eingeführt. Erst in Traum 8 begegnet dem Traum-Ich tatsächlich ein Wesen, das völlig hilflos und unschuldig ist, nämlich ein kleines Kind. Betrachtet man das Symbol des Kindes, dann könnte man argumentieren, dass es sich hier um einen relativ Ich-nahen, psychischen Anteil handelt, der auf der einen Seite unschuldig und unbefangen ist. Auf der anderen Seite wird das Kind auch immer als ein Sinnbild für Anfängliches, Neu-Entstehendes betrachtet, was eine Fülle an Möglichkeiten und Daseinsformen in sich bereithält. Hier könnte es sich also um eine psychische Bereitschaft des Neubeginns und der Verwirklichung neuer Handlungsfähigkeit in der Psyche des Träumenden handeln. Dieses Kind befindet sich nun aber in einem erbärmlichen Zustand und bedarf der Aufmerksamkeit und Zuwendung durch das Traum-Ich. Dieses verhält sich dem Säugling gegenüber anfangs unzuverlässig, indem er ihn in seiner Hilfsbedürftigkeit nicht unterstützt, sondern zurücklässt und übergeht. Im weiteren Verlauf der Handlung findet aber eine Veränderung in der Haltung des Traum-Ichs statt, indem es sich dem Säugling zuwendet. Noch verfügt das Traum-Ich nicht über adäquate Mittel, um dem Kind das zu geben, was es bräuchte. Positiv ist, dass es genau spürt, womit dem Säugling geholfen werden könnte. Allerdings wickelt es den Säugling statt in eine warme, weiche Decke in Zeitungspapier und verfügt nur über feste Nahrung, mit der es den Säugling füttern kann. Dieser Traum scheint darauf aufmerksam machen zu wollen, dass eine psychische Bereitschaft zur Wandlung besteht, dass diese aber auch gepflegt und genährt werden muss, um sich entwickeln zu können. Eine während des Traumes stattfindende Wandlung in der Haltung des Traum-Ichs, das den Säugling zunächst zurücklässt, sich diesem dann aber zuwendet, deutet auf eine Bereitschaft des Ichs hin, sich diesem kindlichen Aspekt zuzuwenden.

Traum 11 steht anscheinend in einer Verbindung mit Traum 8. Das Traum-Ich kommt in Berührung mit einem Körperteil, an dem eine Wandlung und eine Neuwerdung vollzogen werden. Der Fuß wird als ein Symbol verstanden, das mit Fortbewegung und Willenskraft assoziiert ist. An einem Teil des Fußes, nämlich dem Zehennagel, nimmt das Traum-Ich nun verschiedene Schichten ab und trifft dabei auf eine verfaulte und Wurm befallene Ebene. Der Wurm wird bei einigen Völkern mit der Schlange, aber auch dem Teufel assoziiert. Diese verfaulte Schicht auf dem Zeh deutet auch auf Tod und Verwesung hin. Allerdings wird der Wurm auch als ein Symbol des aus der Dunkelheit neu erwachenden Lebens gesehen. Hier nämlich arbeitet sich das Traum-Ich zu einer darunter liegenden Schicht vor, die ganz rein und neu ist. Es taucht also, wie bei Traum 8, eine intakte psychische Ebene auf und ein Neuwerdungsprozess findet statt. Beide Male ist eine Aktivität des Traum-Ichs gefordert, damit diese Neuwerdung sichtbar bzw. am Leben gehalten werden kann.

Über die Traumserie hinweg findet ein Prozess der Auseinandersetzung des Ichs mit komplexhaften Anteilen statt, die teilweise einen mörderischen und destruktiven Charakter aufweisen. Hierbei reagiert das Ich zunächst verängstigt und überfordert und sucht in den überwiegenden Fällen das Weite. Im Verlauf der Traumserie verlieren diese Aspekte aber ihren bedrohlichen Charakter. Das Ich empfindet nun Ekel und Ablehnung gegenüber jenen Anteilen. Zunehmend wird ein neues Themenfeld eingeführt. Hierbei handelt es sich um Situationen, in denen sich das Traum-Ich aufgefordert sieht, helfend und unterstützend in das Geschehen einzugreifen. Im Sinnbild des hilfsbedürftigen Säuglings begegnet das Ich dann reinen, positiven und auf einen Neubeginn hindeutenden Seelenanteilen. Diese bedürfen einer Pflege, wobei das Ich spürt, wie eine solche Beschäftigung und Pflege gestaltet sein sollte. Allerdings fehlen ihm dazu noch die nötigen Mittel und Strategien. Zum Ende der Traumserie trägt das Traum-Ich dazu bei, an seelischen Anteilen einen Sterbens- und Neuwerdungsprozess zu erleben. Jene seelischen Aspekte können mit Willenskraft und Fortbewegung assoziiert werden.

6.5.2 Ergebnisse der Strukturalen Traumanalyse im Vergleich mit der Psychodynamik des Träumers und dem Psychotherapieverlauf

Das Traumsymbol Hund und sein Auftreten in den verschiedenen Träumen macht deutlich, dass sich hier eine Vielzahl an Bedeutungsebenen in komplexer Weise verdichtet. Der Hund verkörpert zumindest in den ersten Träumen der Serie ganz offensichtlich einen bedrohlichen Komplex des Patienten. In diesem Komplex hat sich zum einen ganz offensichtlich die Erfahrung mit dem gewalttätigen Vater niedergeschlagen. Die Erfahrung realer Bedrohung durch die unberechenbare Gewalttätigkeit des Vaters wird in der Bedrohung durch die aggressiven und verfolgenden Hunde konkret wiedergegeben. Zum anderen kann man in der Aggressivität der Hunde aber auch die eigene destruktive Gewalttätigkeit des Patienten deutlich erkennen, die durch das Ich zumindest zu Beginn der Therapie noch nicht wirklich beherrscht und kontrolliert ist und deshalb die Steuerungsfähigkeit des Ichs immer wieder bedroht und infrage stellt. Interessanterweise findet sich im Symbol des Hundes aber auch die vielschichtige Bedeutung obsessiver Sexualität im Leben des Patienten wieder – sowohl in der Faszination an der Obsession des Vaters als auch im eigenen sexuell getriebenen Verhalten. Der Hund als Türhüter zur Unterwelt ist hier wirklich ein sinnfälliges Symbol für die zwiespältige und ungelöste Beziehung des Patienten zu seinen eigenen »unterirdischen« Impulsen von Sexualität und Gewalttätigkeit.

In der Traumserie ist deutlich zu erkennen, dass im Verlauf der Therapie – auch bedingt durch den therapeutischen Prozess – langsam eine Bedeutungsveränderung des Symbols und eine Veränderung des Verhältnisses zwischen dem Ich und dem Komplex stattfindet. Diese Entwicklung des Traumbildes fand parallel zur Entwicklung in der Psychotherapie statt, in der es zunehmend möglich war, die Bedürftigkeit des Patienten, die dieser bislang immer aggressiv abgewehrt hatte, in den Blick zu nehmen. Im Bild des verletzten oder hilfsbedürftigen Tieres wird das Ich aufgefordert, sich auf diesen bedürftigen Anteil der eigenen Persönlichkeit in fürsorglicher Weise zu beziehen. Das fällt dem Ich anfangs noch schwer, es dominiert Ekel und Ablehnung gegenüber diesen Persönlichkeitsanteilen – ganz parallel zur anfänglichen Abwehr des Patienten gegenüber diesen Anteilen in der Therapie. Durch den Fortgang der Therapie allerdings gelingt es dem Ich schließlich, sich in einer mehr oder weniger fürsorglichen und bezogenen Weise gegenüber diesem Anteil zu verhalten, woraufhin dieser sich auch von der Tiergestalt hin zu der menschlichen Gestalt eines Säuglings wandelt, was man psychodynamisch betrachtet als eine Entwicklung hin zu größerer Bewusstseinsnähe und Integration verstehen kann. Schließlich endet die Traumserie mit dem Symbol einer Wandlung und Neuwerdung. Dies deckt sich mit dem Ergebnis der Therapie: Im Verlauf der Behandlung trennte sich der Patient von seiner langjährigen Partnerin, heiratete die langjährige Freundin und Kollegin und gründete mit ihr eine Familie. Gegenüber seinem kleinen Sohn beobachtete er zunächst mit Schrecken, dass er diesem gegenüber manchmal den Impuls hatte, ihn zu verletzen und zu quälen. Mit fortschreitender Durcharbeitung gingen diese Impulse und Ängste zurück und der Patient erwies sich als liebevoller Vater. Eine gewisse Neigung zu depressiven Verstimmungen blieb bestehen, konnte aber zunehmend in der Beziehung zur Ehefrau kommuniziert und dadurch contained werden. Am Ende der Therapie hatte der Patient geheiratet, eine Familie gegründet, eine solide Berufsausbildung abgeschlossen und eine gute Einstellung in einem durchaus differenzierten Beruf erworben und war in jeder Hinsicht sozial und beruflich gut eingebunden.

Die hochgradigen Parallelen zwischen Traumanalyse und Psychodynamik sind unmittelbar sichtbar. Unschwer lassen sich im Symbol der bedrohlichen Hunde gemäß der vorgenommenen Amplifikation die für das Ich des Träumers bedrohlichen eigenen aggressiven, sadistischen und impulsiv-sexuellen Persönlichkeitsanteile erkennen. Zugleich verdichtet sich in diesem Symbol auch das Erleben der Bedrohlichkeit des eigenen alkoholkranken und gewalttätigen Vaters, dessen obsessive Sexualität darüber hinaus für den Patienten faszinierend war. Im Verlauf der Behandlung gewinnt der Träumer über diese komplexhaften Anteile eine zunehmende Kontrolle, kann sich mit ihnen konfrontieren und erlebt dabei eine psychische Aufwärtsentwicklung bzw. Differenzierung. Die Haltung des Traum-Ichs, dass sich zunächst von den komplexhaften Anteilen bedroht fühlt und nur mit Flucht reagieren kann, wandelt sich zunächst in Ekel gegenüber diesen Anteilen. Parallel dazu entwickeln die Anteile einen Ausdruck von Hilfsbedürftigkeit. Ein entscheidender Wendepunkt liegt in dem Traum mit dem Motiv des Kindes/Säuglings, der Bedürftigkeit in stärkster Form ausdrückt, und hier gelingt es dem Traum-Ich, zumindest nach anfänglichen Schwierigkeiten, sich dem bedürftigen eigenen Anteil zuzuwenden und sich um diesen zu kümmern. Schließlich mündet die Traumserie in das Motiv von Wandel und Erneuerung bzw. dem Entdecken eines intakten Kerns in der Person.

6.6 Fallübergreifende Analyse und Systematik von Traumtypen

Mit der oben dargestellten ausführlichen Analysemethode wurde eine ganze Reihe von Einzelfallstudien durchgeführt. Für eine Stichprobe von 15 solchermaßen analysierten Fällen mit insgesamt 202 Träumen wurde dann eine fallübergreifende Auswertung durchgeführt, um fallübergreifende Muster und Typen von Träumen zu identifizieren (Roesler, 2018a). Alle Fälle wurden von analytischen Psychotherapeuten behandelt.

Ein zentrales Ergebnis der Untersuchung ist, dass ein hoher Prozentsatz aller Träume anhand einer sehr begrenzten Zahl struktureller Muster kategorisiert werden kann. Das grundlegendste Muster kann wie folgt beschrieben werden: Das Traum-ich ist mit einer Anforderung konfrontiert, muss eine Herausforderung bewältigen bzw. einen Plan oder eine Aufgabe erfüllen. Dieses generelle Muster kann in Abhängigkeit von der Initiative/Aktivität (*agency*) des Traum-Ichs in fünf spezifischere Muster unterschieden werden. Während bei Typ 1 kein Traum-Ich präsent ist, ist dies bei allen weiteren Typen gegeben. Bei den Typen 2 und 3 steht das Traum-Ich unter dem Druck von anderen Kräften im Traum und die Initiative liegt nicht beim Traum-Ich, sondern bei anderen Figuren im Traum – das Traum-Ich ist deren Aktivität, Macht und Kontrolle unterworfen. In den Typen 4 und 5 hat das Traum-Ich hingegen die Initiative übernommen und versucht einem persönlichen Plan zu folgen und diesen umzusetzen, wird dabei aber mit Schwierigkeiten konfrontiert oder stößt auf Hindernisse. Bei Typ 5 bezieht sich diese Aktivität des Traum-Ichs auf die Gestaltung einer zwischenmenschlichen Beziehung.

- Typ 1 (kein Traum-Ich präsent): Im Traum ist das Traum-Ich weder präsent noch aktiv, sondern der Träumer beobachtet eine Szene, als würde er einen Film schauen, und nimmt nicht aktiv am Geschehen im Traum teil. In manchen Fällen fliegt oder schwebt der Träumer über der Szene und schaut auf die Ereignisse im Traum herab.
- Typ 2 (das Traum-Ich wird bedroht): In Träumen dieses Typs wird das Traum-Ich bedroht, z. B. indem es attackiert oder verletzt wird, und versucht gewöhnlich der Bedrohung zu entfliehen oder sich gegen die bedrohlichen Figuren zu schützen, z. B. indem es sich versteckt. In den Varianten 2.2 bis 2.4 reagiert das Traum-Ich häufig mit Panik und fühlt sich entweder machtlos der Bedrohung ausgeliefert oder versucht ihr zu entkommen. Oft führt dies dazu, dass das Traum-Ich von den bedrohlichen Figuren im Traum verfolgt wird und flüchtet. Dieser Traumtyp kann weiter untergliedert werden in unterschiedliche Varianten, in Abhängigkeit vom Ausmaß der Bedrohung des Traum-Ichs (d. h. die Bedrohung ist bei 2.1. am größten und nimmt im Maße der zunehmenden Stärke des Traum-Ichs hin zu 2.6. ab).
  - Typ 2.1: Das Traum-Ich wird beschädigt (z. B. schwer verwundet, oder sogar getötet). In manchen Fällen hat diese Tötung bereits stattgefunden und das Traum-Ich wird als toter Körper aufgefunden.
  - Typ 2.2: Die Bedrohung des Traum-Ichs geht von einer Kraft in der Natur aus (z. B. einer Naturkatastrophe, einem Erdbeben, einem Feuer, einer Überflutung, einem Sturm usw.) und wird überwältigt oder flüchtet.
  - Typ 2.3: Das Traum-Ich wird von gefährlichen Tieren bedroht und wird überwältigt oder flüchtet.
  - Typ: 2.4: Das Traum-Ich wird von Menschen bedroht (z. B. von Kriminellen, Mördern oder »bösen Menschen« oder von menschenähnlichen Gestalten wie Geistern oder Schatten usw.) und wird überwältigt oder flüchtet.
  - Typ 2.5: Das Traum-Ich wird von Tieren oder Menschen bedroht und setzt sich zur Wehr. Die Bedrohung bleibt aber bestehen.
  - Typ 2.6.: Das Traum-Ich setzt sich erfolgreich gegen die Bedrohung zur Wehr und obsiegt. Der Gegner wird überwunden oder bis zur Ungefährlichkeit geschwächt.
- Typ 3 (das Traum-Ich wird mit einer Leistungsanforderung konfrontiert): Das Traum-Ich begegnet einer Leistungsanforderung, die von anderen Figuren im Traum gestellt wird. Das Traum-Ich muss eine Aufgabe erfüllen, etwas finden (was vorher verloren gegangen ist), jemandem etwas geben usw. Eine häufige Ausformung dieses Typs ist der Prüfungstraum. Die Initiative liegt bei diesem

Traumtyp nicht beim Traum-Ich, sondern bei den anderen Figuren, die das Traum-Ich mit der Anforderung konfrontieren. Das Traum-Ich ist deren Macht und Kontrolle unterworfen und hat deren Anforderungen zu erfüllen.
- Typ 3.1: Das Traum-Ich muss eine Prüfung absolvieren (»Prüfungstraum«), dazu eine Leistung erbringen und wird bewertet.
- Typ 3.2: Das Traum-Ich ist der Überprüfung durch eine offizielle Person unterworfen (z. B. einer Eintrittskartenkontrolle) und die Berechtigung des Traum-Ichs wird in Frage gestellt. Es hat beispielsweise keine Eintrittskarte für eine Veranstaltung.
- Typ 3.3: Das Traum-Ich hat die Aufgabe etwas zu finden (was vorher verloren gegangen ist), etwas zu erlangen, etwas zu produzieren usw. Typischerweise fühlt sich das Traum-Ich in diesen Träumen der Aufgabe nicht gewachsen, besitzt nicht die richtigen Mittel oder Fähigkeiten oder hat vergessen diese mitzubringen bzw. hat diese unterwegs verloren usw. (z. B. ist das Traum-Ich nicht für die Prüfung vorbereitet oder kommt zu spät usw.).
- Typ 3.4. Das Traum-Ich ist der Anforderung unterworfen, bewältigt diese aber erfolgreich durch eigene Aktivität.
- Typ 4 (Mobilitätstraum): Das Traum-Ich befindet sich in einer Fortbewegung in Richtung einer spezifizierten oder unklaren Bestimmung (z. B. ist auf Reisen oder benutzt verschiedene Fortbewegungsmittel wie Fahrrad, Auto, Bus, Zug, Flugzeug, Schiff usw.). Eine interessante Unterscheidung bezieht sich auf die Frage, ob diese Transportmittel individueller oder öffentlicher Natur sind. Auch dieser Typ kann weiter differenziert werden in Abhängigkeit von dem Ausmaß der Initiative des Traum-Ichs, die sich in der Entschiedenheit des Traum-Ichs in seiner Bewegung sowie dem Gelingen der Fortbewegung und der Erreichung des Zieles zeigt.
  - Typ 4.1: Das Traum-Ich ist in einem Raum eingeschlossen oder eingesperrt und versucht hinauszufinden oder auszubrechen.
  - Typ 4.2: Das Traum-Ich möchte sich fortbewegen (z. B. reisen), hat aber keine Mittel, indem es beispielsweise den Zug verpasst.
  - Typ 4.3: Das Traum-Ich versucht sich fortzubewegen und hat auch entsprechende Fortbewegungsmittel, kann diese aber nicht kontrollieren (z. B. das Auto nicht steuern).
  - Typ 4.4: Das Traum-Ich bewegt sich erfolgreich fort, stößt aber auf Hindernisse (z. B. ist die Straße blockiert, das Fortbewegungsmittel hat einen Unfall oder einen Motorschaden) und die Fortbewegung kann daraufhin nicht fortgesetzt werden.
  - Typ 4.5: Das Traum-Ich befindet sich in Bewegung, nutzt dazu Fortbewegungsmittel, ist aber auf dem falschen Weg, im falschen Zug oder Bus oder ist nicht berechtigt das Fortbewegungsmittel zu benutzen (hat z. B. kein Ticket) und kommt nicht weiter (muss z. B. den Zug verlassen).
  - Typ 4.6: Dem Traum-Ich gelingt es sich erfolgreich fortzubewegen und das gewünschte Ziel zu erreichen.
- Typ 5 (soziale Interaktion): Das Traum-Ich ist im Traum damit beschäftigt, Kontakt zu einer anderen Person oder Figur aufzunehmen. Das Traum-Ich möchte mit dieser Person in Kontakt kommen, ist in Kontakt und versucht

etwas zu kommunizieren oder ist generell damit beschäftigt einen gewünschten Kontakt mit der anderen Person herzustellen. Dies kann auch sexuellen Kontakt beinhalten. Auch dieser Traumtyp kann weiter differenziert werden in Abhängigkeit von der Aktivität des Traum-Ichs und wie erfolgreich das Traum-Ich den gewünschten Kontakt herstellen kann.

- Typ 5.1: Das Traum-Ich möchte mit anderen in Kontakt kommen, wird aber von den ihnen ignoriert.
- Typ 5.2.: Das Traum-Ich wird von anderen kritisiert, abgewertet oder lächerlich gemacht und empfindet Scham.
- Typ 5.3.: Das Traum-Ich kommt in Kontakt mit anderen, stößt aber auf Hindernisse (z. B. kann sich nicht verständlich machen, bekommt nicht das Gewünschte oder wird abgewiesen).
- Typ 5.4.: Das Traum-Ich ist erfolgreich dabei den gewünschten Kontakt herzustellen.
- Spezialfälle: Typ 5.x: Das Traum-Ich ist aggressiv gegenüber anderen (tötet diese sogar), worin sich der Wille des Traum-Ichs ausdrückt, von den anderen getrennt und unabhängig zu sein; Typ 5.y: Das Traum-Ich erhält Hilfe von anderen ohne aktiv darum ersucht zu haben.

In der vorliegenden Untersuchung konnten nur 6 von insgesamt 202 Träumen nicht einem der oben genannten Muster zugeordnet werden. Typ 2 (Traum-Ich wird bedroht) ist der am häufigsten vorkommende Typ in der Stichprobe (42%), gefolgt von Typ 4 (Mobilitätstraum; 28,7%), Typ 5 (soziale Interaktion; 19,8%) und Typ 3 (Leistungsanforderungen; 10,4%). Die Summe ist größer als 100%, da einige Träume zwei oder mehr Muster beinhalteten). Typ 1 (keine Präsenz) wurde nur in zwei Fällen gefunden.

6.6.1 Veränderungsmuster in der Struktur der Träume über den Verlauf der Therapie

In der vorliegenden Untersuchung wurden nicht nur typische Muster in der Struktur der Träume gefunden, sondern auch auf der Ebene der Traumserien. Ein allgemeines Ergebnis ist, dass in solchen Fällen, in denen die psychotherapeutische Intervention erfolgreich war und eine Besserung auf der Symptomebene, im psychischen Wohlbefinden, der Emotionsregulation und – aus einer psychoanalytischen Perspektive – ein Zuwachs an ich-struktureller Funktionsfähigkeit und Ich-Stärke erreicht wurde, sich auch ein typisches Muster der Transformation in der Struktur der Träume fand. Typischerweise ist die erste Hälfte der Traumserie beherrscht von einem sich wiederholenden Traumtyp, der eng verknüpft ist mit den psychologischen Problemen des Träumers. Ungefähr in der Mitte der Traumserie taucht dann üblicherweise ein Traum oder ein Traumsymbol auf, welches eine Veränderung in diesem dominierenden Muster markiert. Die zweite Hälfte der Traumserie ist dann typischerweise charakterisiert durch eine Veränderung in dem sich bislang wiederholenden Muster (wie im dargestellten Fallbeispiel deutlich zu sehen). Die typischen Verläufe werden im Folgenden beschrieben.

Typ 2 (das Traum-Ich wird bedroht): Das Traum-Ich verändert seine Reaktion auf die Bedrohung. Anstatt zu fliehen, konfrontiert es nun die bedrohlichen Figuren, kämpft aktiv und findet konstruktive Strategien der Bewältigung der Bedrohung. Gegen Ende der Traumserie gelingt es dem Traum-Ich die Bedrohung zu überwinden. In Fall 7 wird das Traum-Ich beispielsweise in der ersten Hälfte der Serie durch Wasser bedroht (in Form von riesigen Wellen, Überflutungen usw.) und ertrinkt gewöhnlich in dieser Flut, während es in der zweiten Hälfte der Traumserie dem Traum-Ich mehr und mehr gelingt sich zu einem sicheren Platz auf trockenem Land zu bewegen. Andererseits findet sich ein Veränderungsmuster, in welchem das Traum-Ich realisiert, dass die scheinbar bedrohlichen Figuren doch nicht so gefährlich sind wie ursprünglich vom Traum-Ich erlebt, und das Traum-Ich zu diesen Figuren sogar eine freundschaftliche Beziehung eingeht. Ein typisches Beispiel für dieses zweite Transformationsmuster sind die Fälle 5 und 6. In Fall 5 wird das Traum-Ich in der ersten Hälfte der Serie von Schlangen bedroht. In der Mitte der Traumserie erscheint dann eine goldene Schlange, die nun nicht mehr gefährlich ist und im darauffolgenden Traum verwandelt sich die bedrohliche Figur in einen Salamander, anschließend in einen dunklen Mann. Im Fall 6 (oben dargestellt) wird das Traum-Ich in der ersten Hälfte der Träume von Hunden verfolgt und versucht zu entfliehen. In der Mitte der Serie erscheinen dann hilflose und verwundete Hunde, die vom Traum-Ich Unterstützung brauchen, aber das Traum-Ich reagiert mit Ekel und Abwehr. Schließlich findet das Traum-Ich ein hilfloses Baby, welches Hilfe und Unterstützung des Traum-Ichs bedarf.

Zusammenfassend lässt sich sagen, dass sich in Traumserien, die vom Typ 2 bestimmt werden, die bedrohlichen Figuren von Naturkatastrophen oder bedrohlichen wilden Tieren hin zu weniger wilden Tieren und dann zu Menschen wandeln. Dieses Veränderungsmuster findet sich in 9 der 15 Fälle in dieser Studie. Ein ähnliches Muster der Veränderungen in den Traumserien findet sich analog für die Fälle, die von den Typen 3 bzw. 4 bestimmt werden.

Typ 3 (Leistungsanforderungen): Typischerweise ist die erste Hälfte der Traumserie bestimmt davon, dass das Traum-Ich an der Erfüllung der Aufgabe scheitert. Dies gilt für die Fälle 1, 2, 8 und 10, in welchen das Traum-Ich wiederholt mit einer Prüfungssituation konfrontiert ist, und nicht vorbereitet ist, zu spät kommt, die Prüfung gänzlich vergessen hat, scheitert oder flüchtet usw. Die Veränderung in diesem Muster ist typischerweise charakterisiert durch ein Verschwinden der Prüfungssituationen in der zweiten Hälfte der Traumserie.

Typ 4 (Mobilitätsträume): In der ersten Hälfte der Traumserie gelingt es dem Traum-Ich typischerweise nicht, in der Fortbewegung das gewünschte Ziel zu erreichen, weil es z. B. im falschen Bus oder Zug ist oder keinen Fahrschein hat, die Straße blockiert ist oder das Traum-Ich nicht in der Lage ist den Wagen zu steuern. In manchen Fällen ist das Traum-Ich zu Beginn der Traumserie sogar in einem geschlossenen Raum eingeschlossen und nicht in der Lage diesem zu entfliehen. In der zweiten Hälfte der Traumserie ändert sich dies typischerweise dahingehend, dass es dem Traum-Ich zunehmend gelingt sein gewünschtes Ziel zu erreichen und die Transportmittel zu kontrollieren.

Typ 5 (soziale Interaktion): Fälle, die von diesem Typ bestimmt sind, sind üblicherweise in der ersten Hälfte der Traumserie charakterisiert durch scheiternde Versuche (oder Passivität) auf Seiten des Traum-Ichs, in den gewünschten Kontakt oder die Kommunikation mit dem anderen zu treten. Das Traum-Ich wird von den anderen ignoriert, vergessen seinem Geburtstag oder wird von anderen kritisiert und abgewertet. Gegen Ende der Traumserie gelingt es dem Traum-Ich dann mehr und mehr, befriedigende Interaktionen mit den anderen zu gestalten oder von anderen Fürsorge und Unterstützung zu erhalten.

In Fällen mit deutlicher therapeutischer Veränderung und Besserung ist typischerweise die zweite Hälfte der Traumserie mehr und mehr durch Träume vom Typ 4 und 5 bestimmt. Das Traum-Ich ist zunehmend mit der Gestaltung gewünschter zwischenmenschlicher Beziehungen beschäftigt, nachdem es dem Traum-Ich gelungen ist, ein sich wiederholendes negatives Muster von Bedrohung, Scheitern der Mobilität oder Leistungsanforderungen zu überwinden.

Diese Veränderungsmuster finden sich nur in solchen Fällen, in denen die behandelnden Therapeuten sowohl eine Besserung auf der Symptomebene als auch positive Veränderungen in der Persönlichkeitsstruktur berichten. Als Kontrastierung können zwei Fälle gelten, in welchem die behandelnden Therapeuten dem Forschungsteam Traumserien lieferten, obwohl die Therapien noch nicht abgeschlossen waren (diese Informationen hatten die Interpreten allerdings nicht erhalten). In diesen Fällen finden sich ebenfalls, wie oben beschrieben, sich wiederholende Muster, in denen ein schwaches Traum-Ich mit bedrohlichen Situationen oder Scheitern der Fortbewegung kämpft. Aber es findet sich keine Veränderung dieses repetitiven Musters: Beispielsweise befindet sich im Fall 2 das Traum-Ich in der Mehrzahl der Träume in der Serie in einer Fortbewegung, üblicherweise mit öffentlichen Verkehrsmitteln, scheitert aber wieder und wieder daran, das gewünschte Ziel zu erreichen da es keinen Fahrschein hat, der Zug oder die Straßenbahn verunglücken oder mit Schaden liegen bleiben usw.

Diese Veränderungsmuster in den Traumserien lassen sich aus einer psychoanalytischen Perspektive als Ausdruck einer anfänglich schwachen Ich-Struktur interpretieren, der es nicht gelingt, bedrohliche Emotionen, Impulse und Komplexe wirksam zu regulieren und zu integrieren. Über den Verlauf der Therapie hinweg gewinnt dieses Ich an Ich-Stärke, so dass es ihm mehr und mehr gelingt, mit abgewerteten, undifferenzierten oder abgespaltenen psychischen Anteile umzugehen und diese in konstruktiven Interaktionen mit anderen zu integrieren. Dies äußert sich darin, dass es in den Träumen dem Traum-Ich mehr und mehr gelingt, nach seinem Willen zu handeln, seine Pläne auszuführen, Ziele zu erreichen und seine Bedürfnisse in sozialen Interaktionen auszudrücken. Diese Interpretation wird gestützt durch die Ergebnisse aus den beiden Fällen, in denen keine therapeutische Veränderung stattgefunden hatte: Bei ihnen fand sich auch keine Veränderung in den sich wiederholenden Traummustern.

6.6.2 Traumtypen spiegeln die psychologischen Probleme des Träumers

Es fand sich nicht nur ein klarer Zusammenhang zwischen therapeutischer Veränderung und einer Veränderung der Muster in den Traumserien, sondern auch eine deutliche Verbindung zwischen dem dominierenden Traumtyp in der ersten Hälfte der Traumserie und den psychologischen Problemen bzw. der Persönlichkeitsstruktur des Träumers. Die fünf dargestellten Typen können psychologisch interpretiert werden als ein Bild für die Ich-Stärke, d. h. für die Fähigkeit des Ichs, Emotionen zu regulieren und mit inneren Motivationen sowie komplexen und nicht integrierten Persönlichkeitsanteilen in der Psyche umzugehen. Das Ausmaß der Initiative des Traum-Ichs in den Träumen ist äquivalent zu dem, was in der Psychoanalyse als Ich-Stärke oder Reife der Persönlichkeit beschrieben wird, nämlich dem Grad an Integration des Ichs und anderer psychischer Anteile in das Gesamt der Persönlichkeit (die ich-strukturelle Funktionsfähigkeit).

Nur in einem einzigen Fall in der Stichprobe (Fall 12) ist der Traumtyp 1, in dem kein Traum-Ich vorhanden ist, voll ausgeprägt. In den ersten fünf Träumen dieser Serie beobachtet der Träumer die Szene so, als würde er einen Film betrachten. Dies ist der Fall eines männlichen Schülers, 18 Jahre alt, der behandelt wurde wegen einer schweren Form von Schulverweigerung über mehrere Jahre. Der Patient hatte sich in eine völlige Passivität zurückgezogen und mehrere Therapieversuche, auch im stationären Setting, waren gescheitert. Dieses Traummotiv kann interpretiert werden als ein Bild für eine tief regredierte Persönlichkeitsstruktur, mit einem Fehlen einer klaren Ich-Struktur und Identität, in der die Ich-Stärke sich auf einem sehr niedrigen Niveau befindet. Es besteht eine interessante Parallele zu einem anderen Fall in der Stichprobe (Fall 11), wiederum ein männlicher Student von 18 Jahren mit der Diagnose Schulverweigerung, in welchem sich Ich-Stärke und Identitätsstruktur ebenso auf einem vergleichsweise geringen Niveau befinden. In diesem Fall befindet sich das Traum-Ich in mehreren Träumen in einem schwebenden Zustand über den Geschehnissen im Traum und das Traum-Ich partizipiert nicht in einer aktiven Weise an diesem Geschehen.

Traumtyp 2 (das Traum-Ich wird bedroht) findet sich in den Fällen in der Stichprobe, bei denen die behandelnden Therapeuten eine narzisstische Störung diagnostiziert haben, verbunden mit einer sehr schwachen Ich-Struktur, einer unklaren Identität oder blockierten Identitätsentwicklung und einem geringen Selbstwertgefühl. Oft haben diese Patienten ein kompensatorisches »falsches Selbst« ausgebildet und dabei nicht akzeptierte Anteile der eigenen Psyche abgespalten. Es zeigt sich in den Träumen das Bild einer Verletzung oder Beschädigung des Traum-Ichs oder das Traum-Ich wird ermordet oder als Leiche vorgefunden. Dies scheint auf einer psychologischen Ebene verknüpft zu sein mit schwereren Fällen von Selbstwertstörung, einer »narzisstischen Verwundung«, oder gar einer Traumatisierung. Das Motiv des Bedroht- oder Verfolgtwerdens kann psychodynamisch interpretiert werden als Ausdruck eines schwachen Ichs, das mit überwältigenden Kräften in der eigenen Psyche kämpft – im Sinne von abgespaltenen Emotionen, Impulsen und Komplexen, ebenso wie mit entwertenden Introjekten, die kontinuierlich das Funktionieren des Ichs bedrohen. Wenn im Verlaufe der Psychotherapie das Ich gestärkt wird, zeigt sich dies parallel in den Träumen darin, dass das Traum-Ich mehr und mehr die Fähigkeit erlangt, mit den bedrohlichen Anteilen in der eigenen Psyche umzugehen und diese als Bestandteil der eigenen Persönlichkeit zu akzeptieren und zu integrieren.

Traumtyp 3, insbesondere Prüfungsträume, und Traumtyp 4, in welchem das Ich bemüht ist, sich in eine bestimmte Richtung zu bewegen, finden sich in solchen Fällen, in denen eine stabilere Ich-Struktur von den behandelnden Therapeuten diagnostiziert wird, in denen aber die Patienten Probleme damit haben, Entscheidungen zu treffen und progressive Reifungsschritte im eigenen Leben zu unternehmen – etwa Prüfungen abzuschließen oder sich für eine Ausbildung zu entscheiden. Träume vom Typ »Leistungsanforderung, die nicht erbracht werden kann« finden sich insbesondere bei Patienten mit hohen Leistungsansprüchen an sich selbst. Psychodynamisch gesprochen handelt es sich hier also um eine Auseinandersetzung mit einem strengen oder nicht gut integrierten Über-Ich.

Traumtyp 5, in welchem sich das Traum-Ich mit Beziehungen zu anderen beschäftigt, charakterisiert solche Fälle, in welchen ein stabiles Ich vorhanden ist, in denen aber die Patienten mit neurotischen Problemen kämpfen, die sich um zwischenmenschliche Beziehungen ranken – etwa eine intime Partnerschaft zu finden oder in bestehenden Beziehungen eine befriedigende Intimität und Sexualität zu gestalten.

Diese psychodynamische Interpretation der aufgefundenen Muster und Typen in den Träumen wird auch gestützt durch die Erkenntnis, dass sich in positiven Psychotherapieverläufen oft, etwa in der Mitte der Traumserie, ein wiederholendes Muster auf den unteren Ebenen überwunden wird und an dessen Stelle Träume des Typs 4 und 5 in der zweiten Hälfte der Therapie treten, in denen das Traum-Ich nun mit eigenen Vorhaben oder mit der befriedigenden Gestaltung zwischenmenschlicher Beziehungen beschäftigt ist.

In einer Reihe von Fällen zeigt sich außerdem, dass ein dominierendes Symbol, das in einem sich wiederholenden Muster (oftmals Typ 2) in den Träumen ebenfalls wiederholt auftritt, in einem engen bedeutungsmäßigen Zusammenhang steht mit der psychischen Situation. In Fall 5 wird die weibliche Träumerin wiederholt von Schlangen bedroht. In diesem Fall hat der behandelnde Therapeut eine starke Spannung in der Persönlichkeit beschrieben: Auf der einen Seite steht ein sehr strenges Über-Ich, auf der anderen Seite sehr lebendige, lustvoll-erotischen Persönlichkeitsanteile mit starken, aber abgewerteten sexuellen Bedürfnissen. In diesem Fall kann die Schlange ganz klar als ein sexuelles Symbol verstanden werden, als ein Bild für die eigenen sexuellen Bedürfnisse, die das Ich bedrohen, welches unter dem Druck eines strengen Über-Ichs schier zerrieben wird.

Es findet sich in den untersuchten Träumen aber ebenso eine klare Evidenz, dass die Bedeutung desselben Symbols in verschiedenen Fällen völlig unterschiedlich sein kann: Beispielsweise taucht das Symbol der Schlange auch im Fall 8 auf, erhält dort aber die Rolle eines Helfers. Im oben ausführlicher beschriebenen Fall 6 stellen die das Traum-Ich immer wieder bedrohenden und verfolgenden Hunde ein Symbol dar, in dem die gesamte ungelöste Problematik des Träumers mit Aggressivität und Gewalt, Sadismus, sexuellen Obsessionen und einem tief verletzten

Selbstwertgefühl zusammengefasst und verdichtet wird. Es kann zusammengefasst werden, dass Symbole, die immer wieder in einer Traumserie auftauchen, als eine symbolische Darstellung von psychischen Anteilen, Impulsen und Komplexen des Träumers interpretiert werden können, die noch nicht in das Gesamt der Persönlichkeit integriert sind und daher eine Bedrohung gegenüber der Integrität des Ichs darstellen.

6.6.3 Fazit der Analyse

Die Ergebnisse dieser Studie belegen eine enge Verknüpfung zwischen Inhalten und sich wiederholenden Mustern und Strukturen in Traumserien auf der einen Seite und der Persönlichkeitsstruktur und den psychischen Problemen des Träumers auf der anderen. Ebenso findet sich eine Übereinstimmung zwischen therapeutischen Veränderungen im Verlauf der Psychotherapie und Veränderungen in der Struktur der Träume innerhalb der Traumserie des Patienten. Es kann festgestellt werden, dass sich die Bedeutung, die der Traum über die psychische Situation des Träumers transportiert, nicht nur in statischen Symbolen oder Inhalten findet, sondern insbesondere auch in der Struktur des Verhältnisses zwischen dem Traum-Ich und anderen Figuren im Traum (Roesler, 2020).

Auf der Grundlage dieser Ergebnisse ist eine psychologische Interpretation der aufgefundenen Traumtypen sowie der Muster von Veränderung in den Traumserien über den Verlauf der Therapie möglich. Die aufgefundenen Traumtypen können psychologisch als Ausdruck der Ich-Stärke des Träumers interpretiert werden – das heißt als strukturelle Fähigkeit, mit Emotionen, Motivationen, Impulsen und komplexen im Sinne von nicht integrierten Persönlichkeitsanteilen umzugehen und diese zu regulieren. Dabei ist das Ausmaß der Initiative des Traum-Ichs ein Äquivalent zum psychoanalytischen Konzept der Ich-Stärke (oder Reife der Persönlichkeit), dem Ausmaß an psychischer Integration von Ich-Bewusstsein und anderen Anteilen der Psyche, bzw. der ich-strukturellen Funktionsfähigkeit. Träume, in welchen kein Traum-Ich präsent oder aktiv ist, finden sich ausschließlich in Fällen mit einem sehr geringen Niveau von Ich-Stärke und Integration der Persönlichkeit, darüber hinaus auch nur in der initialen Phase der Psychotherapie, in der sich der Patient noch in einem Zustand massiver Regression und Passivität befindet. Traumtyp 1 stellt diesen extrem Zustand geringer Ich-Stärke dar. Häufig wird in diesen Fällen eine hoch funktionelle Autismus-Spektrum-Störung diagnostiziert. Das Fehlen eines aktiven Traum-Ichs in den Träumen in diesen Fällen ist also ein Äquivalent zum Fehlen einer funktionierenden Persönlichkeitsstruktur bzw. einem funktionierenden Ich im Leben dieser Patienten, was sich in einer massiven Regression, Entscheidungs- und Handlungsverweigerung sowie Orientierungslosigkeit und Passivität zeigt.

Die verschiedenen Ausführungen von Traumtyp 2 können ebenfalls als Parallele zum Niveau der Integration und Reife des Ichs und der Stabilität seiner Grenzen interpretiert werden. Das Muster von Bedrohung und Flucht/Verfolgung findet sich häufig in Träumen in der ersten Hälfte des Psychotherapieprozesses und kann verstanden werden als Ausdruck für ein Ich, das noch zu schwach ist, um sich mit Persönlichkeitsanteilen, Emotionen und Impulsen auseinanderzusetzen und diese zu regulieren – wie etwa aggressive Impulse, welche dann für die Integrität des Ichs einen bedrohlichen Charakter erhalten. Veränderung im therapeutischen Prozess spiegelt sich in den Träumen darin, dass das Ich zunehmend besser in der Lage ist, den bedrohlichen Figuren zu begegnen. Andererseits nimmt auch der Bedrohungscharakter dieser Figuren in vielen Fällen ab und sie erweisen sich als – oft überraschend – ungefährlich.

Träume vom Typ 3, in welchen das Traum-Ich eine Leistung erbringen muss und dabei von anderen kontrolliert wird, können interpretiert werden als ein Bild für eine psychische Situation, in welcher das Ich zwar eine gewisse Stärke und Integrität etabliert hat, aber immer noch zu schwach ist, um einem strengen Über-Ich und seinen Anforderungen aktiv etwas entgegenzusetzen.

Gewinnt das Ich im Verlaufe eines günstig verlaufenden Psychotherapieprozesses weiter an Stärke und verändert sich das Verhältnis von Ich, Über-Ich und anderen Anteilen der Psyche im Sinne einer besseren Integration, verschiebt sich das Muster der Träume in Richtung auf die Typen 4 und 5, in welchem das Ich zunehmend aktiver wird – sowohl in den Träumen als auch im realen Leben – und befähigt wird, Probleme zu bewältigen, persönliche Anliegen und Vorhaben umzusetzen und zwischenmenschliche Beziehungen zu gestalten. Andererseits kann beobachtet werden, dass solche Patienten, deren Traumserien von Beginn an den Traumtypen 4 und 5 entsprechen, in der Regel reifere Persönlichkeitsstrukturen mit klaren Grenzen und einem höheren Niveau von Ich-Stärke besitzen. Die anfänglichen Beschwerden, die diese Patienten in eine Psychotherapie bringen, kreisen gewöhnlich um Konflikte bei der Gestaltung befriedigender zwischenmenschlicher Beziehungen und nicht so sehr um die Stabilisierung eines schwachen Ichs oder einer fragmentierenden Persönlichkeitsstruktur bzw. der Regulation eines extrem geringen Selbstwertgefühls.

Das Motiv der Fortbewegung auf ein bestimmtes Ziel hin bei Traumtyp 4 wird hierbei verstanden als ein Bild für ein Ich, das sich bemüht, Handlungspläne zu verwirklichen und persönliche Ziele zu erreichen. Die Hindernisse, auf die das Traum-Ich dabei stößt, können verstanden werden als innere Hindernisse im Sinne von Unsicherheit, mangelndem Selbstvertrauen und Selbstwertgefühl, Ambivalenz oder kritischen Interventionen des Über-Ichs, die in Selbstsabotage oder Unentschiedenheit münden. Es handelt sich hierbei auf der psychologischen Ebene also um eine definierte Aktivität des Ichs, welches ein Ziel hat und Energie einsetzt, um sich auf dieses Ziel hin zu bewegen. Das kann als ein moderates Level von Ich-Stärke betrachtet werden, welches ein gewisses Maß an Ausführung von Willenskraft ermöglicht. In solchen Traumserien ist die erste Hälfte häufig charakterisiert durch Scheitern der Versuche des Traum-Ichs, das gewünschte Ziel zu erreichen, während sich in der zweiten Hälfte der Zugewinn an Ich-Stärke und Persönlichkeitsstruktur in einer gelingenden Fortbewegung zeigt.

Bei Traumtyp 5 zeigen die Träume Interaktionen zwischen Ich und anderen, wobei diese entweder als eine Gruppe von anderen auftreten, welche sozusagen den »generalisierten Anderen« repräsentiert, oder aber als reale Personen aus dem sozialen Leben des Träumers charakterisiert sind – also im psychoanalytischen Sinne Objektbeziehungen darstellen. Wiederum ist hier in der Regel die erste Hälfte der Traumserie charakterisiert durch scheiternde Versuche des Traum-Ichs, die Beziehungen in einer gewünschten Weise zu gestalten (z. B. wird das Traum-Ich von anderen ignoriert oder beschämt), während es dem Traum-Ich bei erfolgreich verlaufenden psychotherapeutischen Prozessen in der zweiten Hälfte der Traumserie mehr und mehr gelingt, in der Gestaltung dieser Beziehungen aktiv zu werden und diese gelingen zu lassen.

6.7 Zusammenfassung: hypothetisches theoretisches Modell

Insgesamt lässt sich als Ergebnis dieser Untersuchung folgende Hypothese formulieren: die Beziehungen zwischen dem Traum-Ich auf der einen Seite und bedrohlichen Figuren auf der anderen sowie die Reaktionen des Traum-Ichs auf diese Bedrohung stellen ein Bild für das Verhältnis zwischen der Ich-Stärke der Person einerseits und nicht integrierten oder konflikthaften Anteilen der Psyche (unbewussten oder abgewerteten Bedürfnissen, Motivationen und Komplexen) andererseits dar. Die spezielle Form, die die Bedrohung im Traum erhält, symbolisiert die psychische Problematik, den Komplex oder den unterdrückten Impuls, mit dem der Träumer kämpft. Dies gilt insbesondere dann, wenn das Motiv wiederholt auftritt. Patienten, deren Träume hauptsächlich durch dieses Muster von *Bedrohung* bzw. *Flucht* geprägt sind, leiden in der Regel unter strukturellen Problemen mit einem schwachen Ich und einer instabilen, von Fragmentierung bedrohten Persönlichkeitsstruktur mit unklaren Grenzen (zumindest in der ersten Hälfte des psychotherapeutischen Prozesses). Patienten mit Träumen um die Themen *Fortbewegung* und *zwischenmenschliche Beziehungen* besitzen hingegen offenbar stabilere und besser integrierte Persönlichkeiten mit höherer Ich-Stärke und sind eher mit neurotischen Problemen um zwischenmenschliche Beziehungen beschäftigt. Ebenso wird die Hypothese aufgestellt, dass es charakteristische Muster von Veränderungen in Traumserien gibt, wenn der psychotherapeutische Prozess erfolgreich verläuft: In solchen Fällen bewegen sich die Träume von den Typen 2 und 3 in der ersten Hälfte der Serie bzw. von scheiternden Versuchen des Traum-Ichs, sich fortzubewegen und befriedigende Beziehungen zu gestalten (Typen 4 und 5), hin zu gelingenden Aktivitäten des Traum-Ichs und einem Vorherrschen der Traumtypen 4 und 5. Diese Hypothese wird in Abbildung 6.1 noch einmal schematisch zusammengefasst.

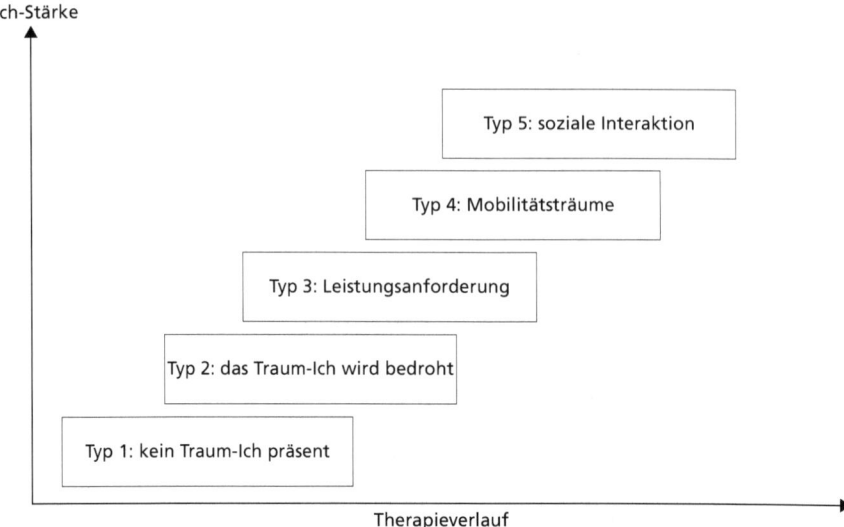

Abb. 6.1: Zusammenhang zwischen Ich-Stärke, Therapieverlauf und Traumtypen

6.8 Überprüfung der Hypothese am Fall Amalie X

Um diese Hypothese zu überprüfen, wurde der bereits erwähnte Fall Amalie X, der so genannte Musterfall der psychoanalytischen Therapieforschung (Kächele et al. 2006), verwendet. Bei der Anwendung der Strukturalen Traumanalyse auf die 96 Träume im Fall Amalie X wurde die oben dargestellte Typologie quasi als Kodiermanual verwendet und die Träume von zwei unabhängigen Beurteilern jeweils einem Traumtyp zugeordnet. Die Objektivität dieser Interpretationsmethode wurde an einer Reihe von exemplarischen Fällen anhand von mehreren unabhängigen Interpreten für denselben Fall getestet und mit einer Interrater-Reliabilität von Kappa = .70 – .82 als gut gemessen.

Eine erste Erkenntnis ist, dass sich praktisch alle Traumtypen über fast alle Phasen der Therapie erstrecken (▶ Abb. 6.2). Es wurde dann auf statistischem Wege die zeitliche Verteilung der Traumtypen über den Verlauf der Therapie ermittelt. Diese zeigt deutlich eine aufsteigende Linie, was inhaltlich gleichbedeutend damit ist, dass sich im Verlaufe der Therapie eine Verschiebung über die Traumtypen entsprechend der oben dargestellten Hypothese ergeben hat: Traumtyp 1 gibt es nur zu Anfang und noch einmal kurz in der Mittelphase der Therapie, die Traumtypen 2 und 3 bestimmen die erste Hälfte der Therapie, Traumtyp 4 die Mittelphase und die zweite Hälfte der Therapie wird dann vom Traumtyp 5 dominiert. In diesem Sinne konnte also die oben aufgestellte Hypothese am Fall Amalie X bestätigt werden.

Bei der Anwendung der Strukturalen Traumanalyse auf die 96 Träume im Fall Amalie X wurde die oben dargestellte Typologie quasi als Kodiermanual verwendet und die Träume von zwei unabhängigen Beurteilern jeweils einem Traumtyp zugeordnet. Die Objektivität dieser Interpretationsmethode wurde an einer Reihe von exemplarischen Fällen anhand von mehreren unabhängigen Interpreten für denselben Fall getestet und mit einer Interraterreliabilität von k = .70 – .82 als gut gemessen.

In der im Folgenden dargestellten Grafik befinden sich in der horizontalen Achse die fünf Traumtypen, während die vertikale Achse den zeitlichen Verlauf der Psychotherapie bzw. die Abfolge der Träume darstellt. Eine erste Erkenntnis ist, dass sich praktisch alle Traumtypen über fast alle Phasen der Therapie erstrecken. Für die zeitliche Verteilung innerhalb eines Traumtyps wurde dann auf statistischem Wege der Mittelpunkt der Verteilung berechnet, und dann durch die fünf so ermittelten Mittelpunkte einer Achse gezogen. Dieser zeigt deutlich eine aufsteigende Linie, was inhaltlich gleichbedeutend damit ist, dass sich im Verlaufe der Therapie eine Verschiebung über die Traumtypen entsprechend der oben dargestellten Hypothese ergeben hat: Traumtyp 1 gibt es nur zu Anfang und noch einmal kurz in der Mittelphase der Therapie, die Traumtypen 2 und 3 bestimmen die erste Hälfte der Therapie, Traumtyp 4 die Mittelphase und die zweite Hälfte der Therapie wird dann vom Traumtyp 5 dominiert. In diesem Sinne konnte also die oben aufgestellte Hypothese am Fall Amalie X bestätigt werden. Diese Hypothese konnte darüber hinaus auch durch eine statistische Analyse bestätigt werden, die den aufsteigenden Winkel der Achse als signifikant abweichend von einer horizontalen bestätigte (Kendalls Rangkorrelation, r = .25, p = .003).

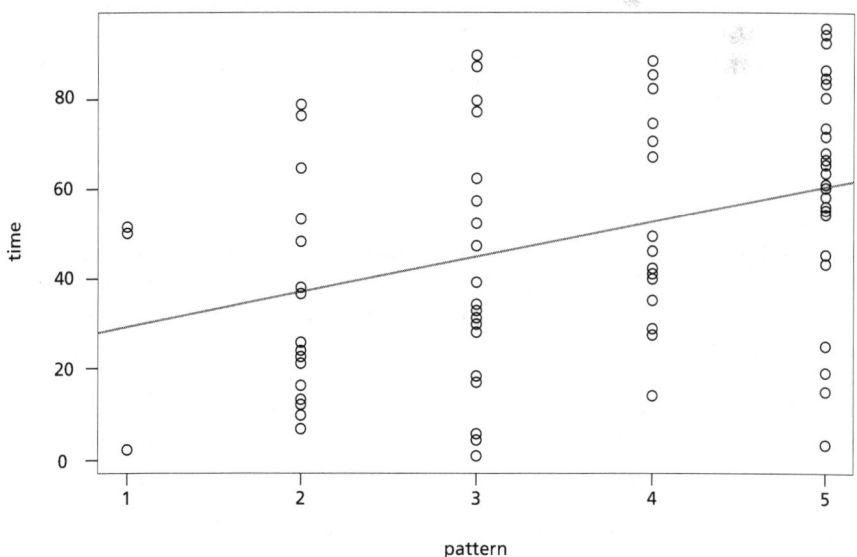

Abb. 6.2: Traumtypen über den Therapieverlauf bei Amalie X (Widmer, 2019)

In einer weiteren statistischen Analyse wurde untersucht, ob sich tatsächlich in der zweiten Hälfte der Therapie mehr gelungene als misslungene Lösungen des Traumes finden im Vergleich zur ersten Hälfte (Mitte bei Traum 48). Auch dieser Test bestätigt die Hypothese mit einem signifikanten Ergebnis (Chi-Quadrat-Test: $X2(1, N = 79) = 5.2304, p = .022$).

6.9 Bezüge zu Ergebnissen aus der empirischen und klinischen Traumforschung

Entsprechende Veränderungen konnten Fischmann und Leuzinger-Bohleber (2018) auch in den laufenden LAC-Depressionsstudien finden: Es zeigte sich »dass sich erfolgreich verlaufende Psychoanalysen – verglichen mit weniger erfolgreichen Psychoanalysen – unter anderem dadurch auszeichnen, dass sich die Traumatmosphäre positiv verändert, mehr gelungene als nicht gelungene Problemlösungen stattfinden, [...] der Träumer kaum noch in einer Beobachterperspektive vorkommt, sondern mehr helfende Person[en] in der Traumhandlung auftauchen« (Fischmann & Leuzinger-Bohleber, 2018, S. 171). Die Ergebnisse, die einen engen Zusammenhang zwischen der Aktivität des Traum-Ichs und der Ich-Stärke im Wachleben des Träumers belegen, stimmen mit den Ergebnissen einer Studie von Sándor, Szakadát, und Bódizs (2016) überein, die feststellten, dass die Präsenz des Träumers (des Traum-Ichs) in den Träumen, die sich in Aktivitäten, Interaktionen, Selbstwirksamkeit und Willenskraft äußert, eng korreliert ist mit dem Ausmaß an effektiver Handlungskontrolle und Emotionsregulation im Wachleben des Träumers. Ebenso findet sich eine Übereinstimmung zur Untersuchung von Ellis (2016), der typische Muster von Veränderungen in Träumen von Patienten mit Posttraumatischer Belastungsstörung und sich wiederholenden traumatischen Albträumen fand, nachdem diese Patienten mit *focusing-oriented dreamwork* (FOD, einer vom Autor entwickelten Methode der Traumarbeit) behandelt wurden: »Dream ego actions moved forward on a continuum from freeze to flight to fight as dreamers began to find their voices, seek help and/or take action« (S. 185). Überblicksarbeiten machen außerdem deutlich, dass der Traumtyp »Traum-Ich wird bedroht oder angegriffen« (hier Typ 2) interkulturell tatsächlich den verbreitetsten Traumtyp darstellt (Nielsen, Zadra & Simard, 2003).

Die Ergebnisse bestätigen auch recht deutlich die Kontinuitätshypothese, d. h. einer Kontinuität zwischen Trauminhalt und Wachleben. Die Ich-Stärke und Funktionsfähigkeit der Persönlichkeit des Träumers sowie seine psychologischen Probleme spiegeln sich deutlich in den Traummustern und Symbolen. Insofern unterstützen diese Ergebnisse deutlich die Position von Domhoff (2017), der betont, dass die Kontinuitätshypothese nicht eine Übereinstimmung zwischen Träumen und banalen Alltagserlebnissen meint, sondern vielmehr, dass die Intensität persönlicher Anliegen und Erfahrungen Einfluss auf den Inhalt von Träumen hat:

»[…] in particular, the frequency of characters or activities reveals the intensity of various concerns« (Domhoff, 2017, S. 14). Es wäre darüber hinaus zu ergänzen, dass die Träume insbesondere unbewusste Aspekte des Wachlebens des Träumers wiedergeben. Dies wiederum würde die Perspektive von Jung bestätigen, der den Traum in einem kompensatorischen Verhältnis zur Einstellung des Bewusstseins sieht, indem der Traum eine ganzheitliche Sicht auf die Gesamtsituation der Psyche unter Einschluss von unbewussten Anteilen darstellt.

Dies wiederum erlaubt eine Stellungnahme zur Debatte innerhalb der Psychoanalyse um die Bedeutung und Funktion von Träumen. Die Ergebnisse der genannten Untersuchungen sprechen deutlich für die Sichtweise, dass der Traum als ein Bild der Gesamtsituation der Psyche des Träumers verstanden werden muss, wobei in diesem Gesamtbild eben auch unbewusste Anteile enthalten sind. Es finden sich keinerlei Hinweise auf die Existenz eines psychologischen Prozesses im Sinne von Freuds Konzept einer Zensur, die die eigentliche Bedeutung des Traumes, den latenten Trauminhalt, in einen manifesten Trauminhalt umwandeln würde, wodurch also im manifesten Trauminhalt die eigentliche Bedeutung verborgen oder verzerrt dargestellt wäre. Im Gegenteil, der manifeste Trauminhalt gibt die psychische Situation des Träumers in klaren, in vielen Fällen sogar drastischen Bildern eindeutig wieder. Zwar werden die psychischen Probleme und der Zustand der Ich-Stärke und Persönlichkeitsstruktur des Träumers symbolisch in Form von Bildern oder strukturellen Mustern dargestellt, wobei aber keine Verzerrungen des eigentlichen Inhaltes erkennbar sind. Ebenso muss die Annahme der Wunscherfüllung als Funktion von Träumen zurückgewiesen werden: Denn auch hier zeigt sich ein deutlich gegenteiliges Bild, in dem in der Mehrzahl der Träume, insbesondere in der ersten Hälfte der Traumserie, die schlimmsten Ängste des Träumers in deutliche Bilder gefasst werden. Im Allgemeinen zeichnen die Träume der ersten Hälfte der Traumserie, parallel zur ersten Hälfte des psychotherapeutischen Prozesses, ein klares Bild der gescheiterten Versuche des Ichs, seine Ziele zu erreichen und befriedigende Lebensbedingungen und Beziehungen herzustellen. Insbesondere Träume mit den sich wiederholenden Motiven von Bedrohung und Flucht, gescheiterten Prüfungssituationen und blockierter Fortbewegung hinterließen in der Folge bei den Träumern sehr unangenehme Gefühle von Frustration, Angst und Beschämung. Eine symbolische Wunscherfüllung ist hier beim besten Willen nicht zu erkennen.

Ebenfalls muss die freudsche Annahme zurückgewiesen werden, dass sich der Inhalt der Träume, zumindest nach der Interpretation, hauptsächlich mit sexuellem Begehren und sexuellen Beziehungen beschäftigt. Tatsächlich gibt es auch in der Stichprobe dieser Untersuchung Fälle, in welchem die Träume sexuelle Themen und Motive aufnehmen, entweder unmittelbar in der Form von Traumtyp 5, in dem sich der Träumer um gelingende sexuelle Beziehungen bemüht, oder indem sexuelle Bedürfnisse symbolisch dargestellt werden (z. B. im Symbol der bedrohlichen Schlangen). Diese Themen in den Träumen geben aber immer Probleme im Wachleben des Träumers wieder, die explizit Thema in der psychotherapeutischen Behandlung dieser Patienten sind. Die Mehrheit der Patienten in dieser Studie war mit Problemen befasst, bei denen sexuelle Begierden oder Beziehungen nicht im Mittelpunkt standen. Daher deckten die Symbolisierungsprozesse, die tatsächlich auch in dieser Studie gefunden wurden, eine große Bandbreite an psychologischen Themen ab, wobei, um das wiederum zu betonen, die symbolische Darstellung die unbewussten Themen nicht verzerrte oder verbarg, sondern im Gegenteil in einem klaren und häufig drastischen Bild darstellte.

7 Fazit: Inwiefern unterstützt bzw. widerlegt die empirische und klinische Traumforschung psychoanalytische Traumtheorien?

Auch wenn, wie oben ausgeführt, Unterschiede zwischen einer nomothetisch ausgerichteten empirischen Forschung auf der einen Seite und der Erkenntnisperspektive der Psychoanalyse auf der anderen Seite bestehen, so erlauben die dargestellten Erkenntnisse meines Erachtens dennoch Aussagen bezüglich der Gültigkeit verschiedener psychoanalytischer Traumtheorien bzw. der eingangs aufgeführten Fragestellungen, die die Theorieentwicklung in der Psychoanalyse von Anfang an bestimmt haben.

Zum einen erhebt auch die psychoanalytische Traumtheorie in vielerlei Hinsicht Geltungsansprüche von allgemeinem Charakter, zum Beispiel was die Funktion des Träumens für den nächtlichen Schlaf bedeutet. Zum anderen zeichnet sich in der Überblicksdarstellung der Ergebnisse der Traumforschung in manchen Bereichen doch eine kohärente Erklärungstheorie ab. Zunächst sollen im Folgenden die einzelnen Fragestellungen, die für die Debatte um Traumtheorien und ihre Verwendung in der Psychotherapie von Bedeutung sind, auf dem Hintergrund der Forschungsergebnisse diskutiert werden. Dies soll dann in den Versuch münden, eine zusammenhängende psychologische Theorie der Funktion von Träumen für die Regulation der Psyche zu entwerfen. Die zentrale Erkenntnis aber, die schon im Zwischenfazit formuliert wurde, ist, dass die Psychoanalyse grundsätzlich mit ihrer Sichtweise dahingehend Recht behalten hat, dass Träume Bedeutung haben, im engen Zusammenhang mit dem Wachleben des Träumers und seinen emotionalen Anliegen und Problemen stehen und eine psychologische Funktion für den gesamten Organismus übernehmen. Diese These wurde erstmals von Freud in seiner »Traumdeutung« formuliert, womit ihm das Verdienst zukommt, überhaupt eine moderne Theoriebildung um das Phänomen Traum sowie seine Verwendung in der Psychotherapie initiiert zu haben.

Die deutschen Psychoanalytiker Werner und Langenmayr (2005) zeigen in ihrer großen Übersichtsarbeit zur Bedeutung der empirischen Befunde für Freuds Traumtheorie auf, dass Freuds Theorien zur Symbolisierung im Traum, insbesondere zur sexuellen Symbolik, durch eine Reihe von empirischen Studien bestätigt werden konnten. Als wichtigste Erkenntnis aus ihrer Übersicht empirischer Studien kann allerdings gelten, dass die grundsätzliche Annahme Freuds, der Traum habe eine psychologische Bedeutung und sei eng mit dem Leben des Träumers verknüpft, umfassend empirisch gestützt ist. Allerdings betonen sie, dass die Bedeutung des manifesten Traumes durch die empirische Literatur eindeutig aufgewertet wird und dass die Wichtigkeit der Assoziationen des Träumers zur Aufklärung der Bedeutung demgegenüber relativiert werden muss: »Für die Person des Träumers wesentliche Momente lassen sich auch aus dem manifesten Traum erschließen. Bezüglich der Funktion und der Deutbarkeit der Inhalte einen prinzipiellen Unterschied zwischen Traum und Wachzustand anzunehmen, ist nicht plausibel« (S.170). Außerdem zitieren sie eine Reihe von Erkenntnissen, die Freuds Annahme über die Schutzfunktion des Traumes für den Schlaf infrage stellen. Auch betonen sie, dass die neueren Forschungserkenntnisse eine große Ähnlichkeit zwischen dem Traumschlaf und der Funktion des Wachbewusstseins zeigen, die mit der Auffassung Freuds nur schwer vereinbar ist.

Insgesamt sind damit die zu Freuds Zeiten revolutionären psychoanalytischen Annahmen, dass Träume in einem engen Bedeutungszusammenhang mit dem Wachleben und insbesondere mit den Problemen des Träumers stehen und darüber mitteilen, was psychotherapeutisch genutzt werden kann, eindrucksvoll empirisch bestätigt. Ebenso wird Jungs These überraschend deutlich belegt, dass im Schlaf das Unbewusste über eine größere Informationsmenge und Verknüpfungskapazität als das begrenzte Bewusstsein verfügt und so eher zu Lösungsvorschlägen oder zumindest zu Hinweisen an das Bewusstsein fähig ist, die die Gesamtpsyche und ihre Situation berücksichtigen.

7.1 Eher Selbstdarstellung als Verhüllung

Im Einklang mit der Kontinuitätsauffassung von Wach- und Traumzustand der heutigen experimentellen Traumforschung (Schredl, 2006), lässt sich die schon zwischen Jung und Freud aufgeworfene Frage, ob der Traum eher einen verschlüsselten Sinn enthält (Freud) oder ihn bestmöglich symbolisch ausdrückt (Jung), doch recht eindeutig zugunsten Jungs entscheiden. Es spricht nichts dafür, dass eine verschlüsselnde oder entstellende Aktivität im Traumschlaf stattfindet. Körperliche Reize, die im Schlaf auftreten, werden in den Traum eingebaut, aber nicht verzerrt, sondern bildhaft-ähnlich ausgedrückt. Die beiden Freudianischen Psychoanalytiker Glucksman und Kramer (2015) haben in einer Reihe von empirischen Studien explizit die Frage untersucht, ob der manifeste Inhalt von Träumen ausreicht, um die Psychodynamik des Träumers zu verstehen und um Veränderungen der Symptomatik des Patienten im Rahmen einer Psychotherapie zu beschreiben. Zunächst stellen sie fest, dass es eine starke Parallele gibt zwischen den bekannten Funktionen von Träumen, insbesondere Problem- und Konfliktlösung, Affektregulation, Lernen und Bewältigung sowie Selbstbewusstheit, und den entscheidenden Variablen, die für Veränderung in der Psychotherapie verantwortlich sind. Daher muss angenommen werden, dass zwischen beiden Dimensionen eine Verbindung besteht. Als Ergebnisse ihrer systematischen Studien stellen sie fest: Der Manifeste Inhalt von Träumen verändert sich parallel zur klinischen Veränderung im Verlaufe von psychotherapeutischen Behandlungen, vor allem dann, wenn man die Struktur des Traumnarratives untersucht. Ebenso verhalten sich die Affekte, die im Traum dargestellt sind, parallel zur Veränderung der Affekte im Laufe der Behandlung. Auch lässt sich aus dem ersten Traum (Initialtraum) einer Behandlung eine valide Vorhersage nicht nur über die entscheidenden Themen im Verlauf der Therapie, sondern auch über den Ausgang und die erreichte Verbesserung machen. Schließlich lässt sich allein aus den Träumen eine korrekte Formulierung der Psychodynamik des Patienten erstellen, die übereinstimmen mit der Einschätzung des behandelnden Therapeuten sowie mit den Themen, die im Verlauf der Therapie bearbeitet werden. Als Fazit halten sie fest, dass innerhalb der Psychoanalyse die Bedeutung des manifesten Trauminhaltes grundsätzlich überdacht werden muss.

Auch Fisher und Greenberg (1977, 1996), obwohl Freudianer und eher bemüht, in den empirischen Studien Belege für Freuds Thesen zu finden, stellen angesichts der überwältigenden Datenlage fest, dass die Bedeutung des Traumes eher im manifesten Inhalt liege und nicht verschlüsselt oder verzerrt sei.

Auch sprechen zahlreiche neuere psychoanalytische Theorien unmittelbar von der Selbstdarstellungsfunktion des Traumes, z.B. Kohut (1977), Stolorow (1978), Fosshage (1987), Fiss (1995), die Control-Mastery-Theorie und sehr früh auch schon Fairbairn (1952). Die meisten dieser Autoren sprechen dem Traum darüber hinaus selbstregulatorische Fähigkeiten zu, insbesondere Hartmann (1995, 1998) in seinen Arbeiten zu Albträumen. Dies gilt aber nicht nur für Albträume. So gibt es zumindest einen empirisch feststellbaren Typus von Träumen, sog. »niederstrukturierte Träume«, die regelhaft auf schwere Regressionszustände bzw. Persönlichkeitsstörungen beim Träumer hinweisen (Ermann, 2005) und ihre Bedeutung völlig unverhüllt darstellen. Im Einklang mit der experimentellen Traumforschung und ihrer Auffassung der Kontinuität zwischen Wachen und Traum erhält der Tagesrest in der heutigen psychoanalytischen Traumdeutung gegenüber der reduktionistischen Suche nach dem verborgenen infantilen Wunsch hinter dem Traum die eigentliche Bedeutung. Ausgehend vom Tagesrest werden über Assoziationen mit dem Träumer zusammen die Verbindungen zu Vergangenheit, Gegenwart und zur aktuellen therapeutischen Situation erarbeitet. Statt der Erfüllung infantiler Triebwünsche wird im Traum heute eher die Selbstdarstellung und der Versuch von Problemlösungen gesehen (Kohut, 1979; Moser, 1999). In der Selbstpsychologie in der Tradition Kohuts (1979) wird übereinstimmend mit der Auffassung in der jungschen Psychologie angenommen, dass die Psyche eine Fähigkeit zur Selbstregulierung besitzt. Die Funktion des Traumes wird dann darin gesehen, bei Bedrohungen der Integrität des Selbst die psychische Organisation zu stabilisieren bzw. wiederherzustellen, indem im Traum die innerpsychische Situation dargestellt, quasi bildhaft konkretisiert, wird.

Fosshage (1987, 1997) hat auf der Basis der auch hier referierten Erkenntnisse der empirischen Traumforschung sowie der Neurowissenschaften eine moderne psychoanalytische Theorie des Traumes formuliert. Demzufolge sind die wichtigsten Funktionen des Träumens die Entwicklung, Aufrechterhaltung und Reintegration der psychischen Organisation. Der Traum ist in der Lage, die Emotionen effektiv zu regulieren, Problemlösungen für aktuelle Konfliktsituationen zu entwickeln und die psychische Struktur wieder in ein Gleichgewicht zu bringen. Durch seine Imaginationen kann der Traum psychischen Entwicklungsprozessen ein Bild geben, welche dem Bewusstsein noch unzugänglich sind. Fosshage räumt die großen Analogien zu Jungs Theorie ganz offen ein: Seine Auffassung der selbstregulierenden und problemlösenden Funktion der Träume stimme mit Jungs Konzept der kompensatorischen Funktion überein, seine Vorstellung von der Bildgebung noch unbewusster Entwicklungsprozesse im Traum entspreche Jungs prospektiver Funktion.

7.2 »Hüter des Schlafes« oder kreativer Problemlöser?

Zwar argumentieren einige psychoanalytische Forscher auf der Basis ihrer eigenen empirischen Studien, dass Freuds Annahme der Schutzfunktion des Traums für den Schlaf empirisch belegbar sei (Solms, 1997; Ermann, 1995). Eine Übersicht über die Ergebnisse der Traumforschung zu dieser Frage zeigt aber, dass dies eine eher isolierte Position darstellt. Die überwiegende Mehrheit der Traumforscher, auch psychoanalytische Autoren (z. B. Werner & Langenmayr, 2005), interpretieren die empirischen Befunde dahingehend, dass sie Freuds Auffassung widerlegen.

Der Traum ist eindeutig nicht Hüter des Schlafes, wie Freud annahm, es ist vielmehr umgekehrt so, dass wir REM-Schlaf benötigen. Denn bei Deprivation des REM-Schlafes holt der Organismus diesen in darauffolgenden Nächten in erhöhtem Umfang nach. Insofern ist der Schlaf Hüter des Traumes (Schredl, 2006). Entsprechend fasst auch der Psychoanalytiker Berner in seiner Übersicht zur empirischen Traumforschung die Ergebnisse zusammen: »Der Schutz des Schlafes scheint danach nicht Funktion der fast ständig ablaufenden Träume zu sein« (Berner 2018b, S. 113).

In der Darstellung der empirischen Traumforschung ist deutlich geworden, dass Träumen generell eine regulatorische Funktion für den Organismus übernimmt. Nun könnte man beide Traumtheorien, sowohl Freuds als auch Jungs, als Regulationstheorien bezeichnen – allerdings mit unterschiedlichem Fokus. Freuds Traumtheorie könnte man als eine Theorie lokaler Regulation bezeichnen: Während dem Schlaf drängen unbewusste Affekte, Wünsche usw. aus dem Unbewussten und bedrohen das psychische Gleichgewicht, müssen also durch die Traumarbeit aus einem bedrohlichen in einen harmlosen Zustand, das heißt vom latenten zum manifesten Inhalt, umgewandelt werden. Die Regulation findet also sozusagen lokal, d. h. im Moment des Schlafes, statt und dient letztlich der Regulation des nächtlichen Schlafes.

In Jungs Traumtheorie dagegen steht die Kompensation im Dienste des Individuationsprozesses im Mittelpunkt, wodurch man sie als eine Theorie globaler Regulation bezeichnen könnte: Im Traum konfrontiert das Unbewusste das Bewusstsein mit Einseitigkeiten, fehlenden, abgespaltenen oder unterentwickelten Aspekten der Persönlichkeit, mit dem Ziel der Ganzheit der Person. Insofern kreisen Träume derselben Nacht und über längere Zeiträume hinweg immer wieder um dieselben Themen. Das Ziel ist eine längerfristige Weiterentwicklung oder Vervollständigung der Gesamtpersönlichkeit, und insofern zielt die Regulation in Jungs Theorie auf ein globales Ziel ab. – eine globale Regulation.

Für beide Annahmen findet sich in der empirischen Traumforschung und den daraus entwickelten Theorien Unterstützung. Zum einen lässt sich zeigen, dass während des Schlafens im Traum selbst tatsächlich eine Bearbeitung und Abmilderung schwieriger Affekte stattfindet, was im weitesten Sinne Freuds Auffassung unterstützt. Allerdings kann man viele Forschungsergebnisse auch als Unterstützung für Jungs These verstehen, dass Träumen auch über die lokale Regulation von Affekten in der Nacht hinaus eine integrierende Funktion für die Gesamtpersönlichkeit hat und insofern deren globale Weiterentwicklung fördert.

Allerdings spielt auch in Freuds Theorie der konstruktive Beitrag des Träumens insofern eine Rolle, als dass der Traum, indem er Tagesereignisse, die wiederum unbewusste Wünsche oder Konflikte aktiviert haben, aufgreift, diese thematisiert und damit grundsätzlich dem Bewusstsein zugänglich macht. Zum anderen nimmt auch Freud an, dass emotional aktivierende Ereignisse im Traum in einen weiterreichenden assoziativen Zusammenhang gestellt werden und dadurch der Traum unbewusste Inhalte weiterverarbeitet und somit die Weiterentwicklung fördert, zumindest indem er ein Potenzial für Bewusstwerdung schafft. Manche der oben aufgeführten Studien und Theorien aus der Traumforschung könnte man als eine Bestätigung von Freuds Annahme auffassen, dass im Traum primär-prozesshaftes Denken am Wirken ist. Zumindest lässt sich bestätigen, dass Träumen zwar eine Form des Denkens ist, diese sich aber vom Denken im Wachzustand, zum Beispiel auch aufgrund der vorliegenden Neurotransmitter, qualitativ unterscheidet.

Insgesamt aber lässt sich aus der Darstellung der Traumforschung doch recht deutlich zeigen, dass Träume offenbar tatsächlich eine starke problemlösende Aktivität beinhalten, die in der Lage ist, psychische Spannungen und Konflikte des Wachlebens der Person effektiv zu bearbeiten und damit nicht nur eine psychische Regulationsleistung zu vollbringen, sondern sogar die Entwicklung der Persönlichkeit in Richtung einer stärkeren Integration und einer Balancierung innerpsychischer Kräfte voranzutreiben. Dies spricht deutlich eher für die Position Jungs und die zeitgenössischer psychoanalytischer Traumtheorien, z. B. aus der Selbstpsychologie, während Freud diese problemlösende Kraft des Träumens offenbar unterschätzt hatte.

7.3 Wunscherfüllungstheorie

Mit Verweis auf die Träume von amerikanischen Soldaten in japanischer Kriegsgefangenschaft, in denen sich diese in eine mächtige Position fantasierten und Bilder von Befreiung und Befriedigung vorherrschten, argumentiert Weiss (1993), hier hätten sich die Träumer in ihrer aussichtslosen Situation über eine fantasierte Wunscherfüllung Erleichterung verschafft, was als Beleg für Freuds Wunscherfüllungstheorie betrachtet wird. Ein weiterer Befürworter ist der Neuropsychoanalytiker Solms (2013a, 2013b), der aufgrund seiner Studien zu hirngeschädigten Patienten meint die wunscherfüllende Funktion von Träumen belegen zu können. Hierbei spiele das dopaminerge Belohnungssystem eine entscheidende Rolle für die Traumgenerierung.

Nach Fischmann und Leuschner (2008) kann die Wunscherfüllungstheorie nicht experimentell bewiesen werden. Sie berichten zwar einige wenige Forschungsbelege für die Wunscherfüllungstheorie, sehr viel mehr Ergebnisse widersprechen dieser aber deutlich, was Freud selbst auch schon in Bezug auf posttraumatische Träume zugestehen musste. Von Anfang an gab es auch innerhalb der Psychoanalyse zahlreiche Kritiker der Wunscherfüllungstheorie – wenn man wolle, könne man Träume immer so interpretieren, dass am Ende eine Wunscherfüllung dabei herauskommt –, dies sei eine Immunisierungsstrategie der Psychoanalyse (Überblick in Boothe & Stojkovic, 2013). Dies gilt allerdings ebenso für die Kompensationsthese Jungs. Zwar zeigt die Darstellung der empirischen Traumforschung, dass dem Traum durchaus regulative Funktionen zugesprochen werden können, was dabei aber genau reguliert wird, ist weiterhin unklar: Dient er nur der Entspannung, der Problemlösung, der Konsolidierung von Erinnerungen usw.? In der Folge der Erkenntnisse der empirischen Traumforschung werden in der Psychoanalyse dem Traum daher mittlerweile neben der Wunscherfüllung eine Reihe weiterer Traumfunktionen zugeschrieben, u. a. Gedächtniskonsolidierung, Problemlösen, Stressreduktion, Kreativität, Konfliktlösung oder Affektregulation (Kächele, 2012).

7.4 Kompensiert der Traum?

Die Kontinuitätsthese von Wach- und Traumleben als Fazit der experimentellen Traumforschung spricht eher gegen die Kompensationsthese. Auch in den oben dargestellten Beispielen aus der Traumforschung, unter anderem mit der Methodik der Strukturalen Traumanalyse, konnten keine Hinweise auf eine Kompensation durch den Traum festgestellt werden. Vielmehr bildet der Traum tatsächlich – in oftmals drastischer Weise – die teils auch unbewusste psychische Problematik des Träumers deutlich ab. Vedfelt (1997) kommt in seiner Abhandlung über Jungs Traumtheorie im Lichte der Forschung zu der interessanten Feststellung, »dass die Gegensatz-/Fortsetzungsdebatte [d. h. Kompensation versus Kontinuität, Anm. d. Verf.] gemessen an der tatsächlichen Komplexität des Traumphänomens zu simpel ist [und außerdem] die unterschiedliche Kreativität der professionellen Traumdeuter – im Gegensatz zu erstarrten Bezugsrahmen – eine Rolle dabei spielt, was denn nun in der Interpretation als kontrastierend zum Wachbewusstsein und Wachleben ausgelegt wird« (S. 278).

Generell gilt aus meiner Sicht für beide Thesen, Wunscherfüllung respektive Kompensation, grundsätzlich folgendes epistemologische Hindernis: Psychoanalytische Traumdeutung stellt eine Hermeneutik dar und bewegt sich somit immer in der Welt subjektiver, bestenfalls interpersoneller Bedeutungsgebungen und Sinngefüge und unterscheidet sich damit kategorial von der Welt objektiver Tatsachenbestände. Von daher ist grundsätzlich zu fragen, ob die beiden Thesen einer Überprüfung im nomothetischen Forschungsparadigma überhaupt zugänglich sind. Schon allein die Frage, was die aktuelle Problemsituation des Träumers ist, zu der ein Traumelement dann in einem kompensatorischen Verhältnis stehen könnte, ist in einem hohen Maße ein Ergebnis von Interpretation subjektiver Bedeutungszusammenhänge. Beispielsweise kann dieselbe Symptomatik für eine Person eine leidvolle Problematik darstellen, für eine andere überhaupt nicht. Dasselbe gilt für die Wunscherfüllungsthese: Die Frage, was der latente, unbewusste (Trieb-) Wunsch ist, der im Traum in verhüllter Form dargestellt und zugleich befriedigt wird, ist Ergebnis einer Interpretation/Rekonstruktion im Rahmen der analytischen Beziehung – also eine intersubjektive Bedeutungsgebung. Dass sich die theoretische Position des Analytikers offenbar indirekt auch auf den Inhalt der Träume des Patienten auswirkt, konnte Fischer (1978) in einem Vergleich von Patiententräumen freudscher und jungscher Analytiker zeigen: Ist der Therapeut Freudianer, findet sich eher typisch freudianische Symbolik, also im weitesten Sinne als sexuelle Symbolik interpretierbar; ist der Therapeut Jungianer, findet sich die typische archetypische Symbolik. Das spräche dafür, dass sogar schon die Traumgenerierung ein interpersonelles Geschehen ist (vgl. auch Kron & Avny 2003).

7.5 Traumdeutung als Hermeneutik

An dieser Stelle ist die Unterscheidung zwischen klinischer Praxis, die letztlich auf die Veränderung des subjektiven Erlebens des Patienten zielt, und wissenschaftlicher Forschung, die auf die Formulierung allgemeiner Gesetzmäßigkeiten und Zusammenhänge abzielt, von zentraler Bedeutung. Für die klinische Praxis macht es durchaus Sinn, eine These wie Wunscherfüllung oder Kompensation als interpretatorische Strategie anzuwenden, um auf diese Weise den Traum in einem therapeutischen Sinne zu nutzen und damit dem Patienten neue Perspektiven auf sich selbst zu eröffnen. Demzufolge hat die Psychoanalyse ja auch immer betont, dass das Kriterium der »Richtigkeit« der Deutung letztlich immer die Reaktion des Klienten ist – was nicht unbedingt die bewusste Zustimmung meint, aber die Antwort eines sinnschaffenden Subjektes. Daraus folgt, dass eine irgendwie geartete Überprüfung der Kompensationsthese, ebenso wie der Wunscherfüllungsthese, immer interpretatorische Vorgänge voraussetzt. Daraus folgt andererseits aber auch, dass Arbeit mit Träumen im Kontext der Psychotherapie, insbesondere der psychoanalytischen Traumdeutung, immer als eine Hermeneutik betrachtet werden muss, die nicht objektive Tatbestände rekonstruiert, sondern vielmehr subjektive Bedeutungen – und das ist für den Kontext der Psychotherapie auch legitim. Freuds berühmtes Junktim von Heilen und Forschen allerdings muss vor diesem Hintergrund grundsätzlich infrage gestellt werden.

7.6 Auf dem Wege zu einer forschungsinformierten Theorie des Traumes

Wesentliche Annahmen Freuds müssen als widerlegt betrachtet werden. Der Traumforscher Fiss (1995), selbst Freudianer, stellt in seiner Übersichtsarbeit zur Bedeutung der empirischen Befunde für Freuds Traumtheorie fest, dass folgende Annahmen Freuds experimentell nicht bestätigt werden konnten: die Wunscherfüllungstheorie, die Annahmen über den Unterschied und Zusammenhang von latentem und manifestem Trauminhalt, die These vom Traum als Hüter des Schlafes und die Rolle der Verdrängung bei der Traumarbeit. Praktisch zu demselben Ergebnis kommen die deutschen Psychoanalytiker Werner und Langenmayr (2005) in ihrer großen Übersichtsarbeit zu Psychoanalyse und Empirie, das hier noch einmal wiederholt wird: »Für die Person des Träumers wesentliche Momente lassen sich auch aus dem manifesten Traum erschließen. Bezüglich der Funktion und der Deutbarkeit der Inhalte einen prinzipiellen Unterschied zwischen Traum und Wachzustand anzunehmen, ist nicht plausibel« (S.170).

Die berichteten empirischen Forschungsergebnisse und die Annäherung der freudianischen Auffassung vom Traum an die von Jung machen m.E. deutlich, dass Jung mit seiner Traumtheorie zum einen ziemlich vorausschauend war, da sie viele spätere Erkenntnisse schon vorweg nimmt. Zum anderen wird deutlich, insbesondere im Vergleich mit Freuds Traumtheorie, dass Jung beim Thema Traum eine recht besonnene und abgeklärte Haltung einnahm, eine nah am »common sense« liegende Theorie formulierte und überhaupt mit seinen Thesen in diesem Bereich wenig extrem war und wenig auf komplizierte Erklärungsmechanismen (wie eine Traumzensur) rekurrierte. Zumindest gilt dies, wenn man seine erste Traumtheorie, wonach der Traum eine Selbstabbildung der Situation der Psyche darstellt, zu Grunde legt. Mit seiner Kompensationsthese, die sehr stark auf seiner Überzeugung basiert, dass die Psyche in Gegensatzstrukturen organisiert ist, hat sich seine Traumtheorie dann doch weiter verengt.

Am ehesten lässt sich aus heutiger Sicht zusammenfassend sagen, dass die verschiedenen Traumtheorien, die bislang besprochen wurden, wichtige Aspekte der Bedeutung und Funktion von Träumen beleuchten. Zugleich lässt sich die Funktion des Traumes nicht auf einen einzigen dieser Aspekte reduzieren. Der Traum hat sicher eine wichtige Rolle bei integrativen Prozessen in der Psyche. Darüber hinaus jedoch hat er auch eine generative Funktion für psychisches Wachstum und offenbar sogar für Kreativität und Problemlösung. Auch muss man die Wichtigkeit von Interpretation von Träumen angesichts der deutlich gewordenen Regulationsleistung relativieren, die das nächtliche Träumen gänzlich unbewusst, sozusagen im Hintergrund, leistet.

Schon oben war Ermanns (2005) fundierte Abhandlung über den heutigen Stand des Wissens bezüglich der Funktion von Träumen erwähnt worden, die auf den hier dargestellten Ergebnissen der empirischen und neurowissenschaftlichen Traumforschung beruht. Er leitet daraus folgende Sicht für eine zeitgemäße psychoanalytische Traumarbeit ab, die, weil so zentral, hier noch einmal wiederholt wird:

> »Beim Träumen werden Informationen aus ganz verschiedenen Wahrnehmungs- und Erinnerungsbereichen miteinander verknüpft. Dabei werden unverarbeitete Tageseindrücke aus dem Wachsein im Schlaf wahrgenommen, z. B. eine Kränkung, eine Versuchungssituation, eine Aufgabe, die nicht bewältigt wurde. Diese Wahrnehmungen aktivieren die für die Traumentstehung zuständigen Zentren, die nun beginnen, mit verschiedenen Gedächtnisspeichern in Verbindung zu treten und dort Informationen aufzurufen. Dabei werden Gedächtnisinhalte aktiviert, die dem Tagesrest ähnlich sind. Dazu gehören Erlebnisse und Gefühlszustände, aber auch Konflikte und Probleme ebenso wie Bewältigungsstrategien und Lösungen. [...] Als Ergebnis des Traummechanismus entsteht etwas Neues, das eine bessere Lösung enthält als die unverarbeitete anfängliche Information. [...] Die Funktion des Traummechanismus ist vor allem die Informationsverarbeitung als Problembewältigung durch Neubewertung. Es ist eine Hinführung zu kreativen Lösungen und das Einüben von Bewältigungen.« (S. 68)

Hier bezieht sich Ermann auf Ergebnisse, die bereits erwähnt wurden: Offenbar ist das Gehirn im Schlaf im Gegensatz zum Wachbewusstsein in der Lage, größere Bereiche und mehr Funktionen gleichzeitig zu aktivieren und miteinander zu verknüpfen. Dadurch ist es eher als im fokussierten Wachbewusstsein möglich, zu neuen Lösungen zu kommen. Dies wird auch durch die Übersichtsarbeiten der empirischen Traumforscherin Barrett (2001) bestätigt: Im Traum kann das Gehirn in einen Verarbeitungsmodus wechseln, in welchem es nicht mehr wie im Wachzustand dauernd neuen Input verarbeiten muss. Dadurch hat es größere Kapazitäten frei, um sich mit ungelösten Problemen zu beschäftigen und diese kreativ zu bearbeiten. Dies bestätigt Jungs These, dass im Schlaf das Unbewusste über eine größere Informationsmenge und Verknüpfungskapazität als das begrenzte Bewusstsein verfügt und so eher zu Lösungsvorschlägen oder zumindest zu Hinweisen an das Bewusstsein fähig ist, die die Gesamtpsyche und ihre Situation berücksichtigen. Allerdings wurde auch deutlich, dass Jungs These von der Kompensation so ebenfalls nicht bestätigt werden kann.

Eine Kompromissformel: Bewusstseinserweiterung statt -kompensation

Auf der Basis der berichteten Forschungsergebnisse und der konsensuellen Auffassungen unter den Traumforschern möchte ich in diesem Abschnitt eine Reformulierung der Kompensationsthese vorschlagen. Die Forschungsergebnisse lassen sich mit Werner und Langenmayr (2005, S. 169f.) folgendermaßen zusammenfassen:

> »Der Traum dient der Aufarbeitung emotionaler Erlebnisse, ihrer Einordnung in bisherige Erlebniszusammenhänge und der Gedächtniskonsolidierung. [...] In diesem

Zusammenhang kann er auch die Funktion der halluzinatorischen Befriedigung von Wünschen übernehmen. Die Einordnung in bisherige Erlebniszusammenhänge zieht aktuelle, kurz zurückliegende und sehr viel frühere bis zu in der Kindheit liegende Erlebnisse heran. Die Aufarbeitung von vor dem Traum erlebten scheint dabei von den aktuellen zu den früheren Bezügen zu gehen. Das im Traum verwendete Material ist unterschiedlich stark unbewusst.«

Unter Hinzunahme der Erkenntnisse, dass die mentalen Vorgänge im Traum offenbar auf weitreichendere Verknüpfungen und Vernetzungen zwischen Hirnarealen zurückgreifen können als im Wachzustand, könnte man in Übereinstimmung mit Aussagen Jungs formulieren: Der Traum nutzt umfassendere mentale Funktionen, Erinnerungen und Wissensbestände als der Wachzustand und kann so die womöglich eingeschränkte Sichtweise des Bewusstseins durch zusätzliche Information erweitern bzw. ergänzen und ist dabei tatsächlich kreativ und auf Problemlösung hin orientiert. Diese Ergänzung steht aber nicht notwendigerweise in einem Gegensatzverhältnis zum Bewusstsein.

Insofern lassen sich Jungs Formulierungen der Selbstabbildungs- und der Kompensationsfunktion des Traumes zusammenführen zu einer These, wonach das Bewusstsein mithilfe des Traums durch neue Information erweitert wird. Nicht bestätigt ist die These, dass diese neue Information im Traum umso kritischer bzw. korrigierender ausfällt, je einseitiger das Bewusstsein in Hinsicht auf seine Probleme ist.

Die jungsche Perspektive auf den Traum könnte auch eine Synthese für die in der empirischen Traumforschung geführte Debatte über Kontinuität versus Diskontinuität von Träumen und Wachleben darstellen. Hobson und Schredl (2011) weisen in ihrer Diskussion über die Kontinuitätshypothese darauf hin, dass Träume tatsächlich Elemente des Wachlebens auf einer thematischen Ebene enthalten, dies aber noch nicht das Auftreten von Elementen in Träumen erkläre, die der Träumer noch niemals im Wachleben erfahren hat (z. B. Farben bei blind Geborenen). »This raises the intriguing question: If dreaming is not entirely derived from waking experience, then just what is the source of the anomalous content and what is its function?« (Hobson & Schredl, 2011, S. 3). In seinem Kommentar zu dieser Diskussion weist Hoss (2011), unter Bezugnahme auf Jung, darauf hin, dass diese Inhalte nicht Verzerrungen oder Fehlwiedergaben des Wachlebens darstellen, sondern dem unbewussten Aspekt des Wacherlebens, der allerdings im Traum in Form eines Bildes dargestellt wird.

8 Ausblick

Es bleiben viele Fragen offen: Wieso erinnern wir nur bestimmte Träume, obwohl die Forschung klar zeigt, dass wir jede Nacht mehrere Stunden träumen? Müssen Träume überhaupt gedeutet werden, damit sie therapeutisch wirksam sind? Die oben dargestellten Forschungen von Hartmann (1995) sowie von Greenberg und Pearlmann (1978) könnten als Belege dafür dienen, dass der Traum an sich eine quasi therapeutische Bearbeitung emotional bedeutsamer Inhalte vornimmt, die sich dann auch an einer Besserung der Symptomatik beim Träumer zeigt.

Ein gänzlich neuer Forschungsbereich hat sich durch die Beschäftigung mit dem sogenannten luziden Träumen eröffnet, bei dem der Träumende weiß, dass er träumt und aktiv in das Traumgeschehen eingreifen kann. Dieses Phänomen scheint nicht selten zu sein, darüber hinaus kann man es offenbar erlernen. Allein die Existenz dieses Phänomens stellt natürlich deutliche Fragen an praktisch alle erwähnten psychoanalytischen Theorien.

Manche Autoren nutzen das Phänomen Traum und die empirische Forschung auch dazu, um grundsätzliche Fragen zur Natur des menschlichen Geistes und seiner Funktionsweise zu untersuchen bzw. zu diskutieren. Dies geschieht im Rahmen der Bewusstseinswissenschaften bzw. der Philosophie des Geistes (z. B. Windt, 2015, 2018).

Ausgehend von der oben dargestellten Kontinuitätshypothese von Wachen und Träumen, wird zum Beispiel die Frage diskutiert, inwiefern sich das Ich des Traumes vom Ich des Wachzustandes überhaupt unterscheidet und was dies über die Konstruktion eines subjektiven Selbst generell aussagt. Auch wenn die Frage, wie ein menschliches Gehirn ein Selbst generieren und integrieren kann, noch immer unbeantwortet im Raum steht, postuliert Windt (2018), dass Schlaf-Träume ebenso bewusste phänomenale Zustände mit einer subjektiven Erlebnisqualität sind, wie sie in unserem Erleben im Wachbewusstsein empfunden wird. Auch während des Träumens besteht immer ein subjektives Gefühl der unmittelbaren räumlichen und zeitlichen Präsenz: Das Erleben eines Traum-Ich als Zentrum der Traumwelt. Diese subjektive Erlebnisstruktur aus der internen Erste-Person-Perspektive ist praktisch immer ein Bestandteil aller Arten von Träumen (Strauch & Meier, 2004). Es wird uns allerdings während des Träumens nicht bewusst, dass diese uns »real« erscheinende Traumwelt lediglich eine mentale Simulation ist. Wenn sich die Konstruktion eines subjektiven Ichs zwischen Wachen und Träumen grundsätzlich nicht unterscheidet, wirft dies natürlich die Frage auf, inwiefern nicht auch unser Wacherleben zu großen Teilen eine solche mentale Simulation darstellt (Hau, 2018). Diese Hypothese scheint untermauert zu werden durch Befunde zur adaptiven Funktion des Bewusstseinsnetzes (Default Mode Network; Domhoff & Fox, 2015). Die Aktivitäten dieses Netzwerkes setzen ein, sobald keine zielgerichtete psychische Aufmerksamkeitsaktivität verfolgt wird – also wann immer wir in einen introspektiven Verarbeitungsprozess wechseln wie beim Gedanken-Wandern und Tagträumen. Es wird nun vermutet, dass das Default Mode Network auch an der Generierung von Traumprozessen beteiligt sein könnte (Hau, 2018). Dies stellt wiederum die starren Abgrenzungen der unterschiedlichen Schlafphasen und somit auch die Trennung verschiedener psychischer Bewusstseinszustände in Frage. Anders formuliert: Die Unterscheidung, die wir vornehmen, dass uns das Tages-Wachbewusstsein realer vorkommt als das Bewusstsein im Traum, lässt sich infrage stellen, da beides auf denselben mentalen Simulationsprozessen basiert (Domhoff & Schneider, 2018). Stattdessen geht es um verschiedene Formen des Erlebens mit spezifischen Charakteristika und entsprechenden neuronalen Korrelaten (Windt, 2015, 2018). Das so erzeugte Gefühl einer Präsenz, einer Art Selbst-Verständnis, soll uns per se von der Notwendigkeit erlösen, uns konstant der bewussten Wahrnehmung zuwenden zu müssen, selbst wenn unsere Aufmerksamkeitsfokussierung gar nicht erforderlich ist. Stattdessen lassen wir uns auf einen kontinuierlichen Strom von mentalen Simulationen ein und sind schätzungsweise 30 – 50% des Wachzustandes in solche Tag-Träume versunken (Windt, 2015). Dieser Prozess scheint nur wenig von unserem gleichzeitig fortwährend ablaufenden perzeptuellen und körperlichen Erleben tangiert zu werden. So gesehen wäre das *mind wandering* nicht ein defizitärer Zustand, sondern im Gegenteil, eine normale, wesentliche und gesundheitsfördernde mentale Aktivität – wie das Träumen auch (Windt, 2015). Möglicherweise ist der Unterschied zwischen den beiden Aktivitäten also geringer, als wir denken (Windt, 2018).

Damit bleibt der Traum, trotz aller Theoriebildung und empirischer Forschung, ein Mysterium, zugleich rätselhaft und faszinierend. Ich bin der Überzeugung, dass die Psychoanalyse insgesamt von einem intensiven Austausch mit der empirischen Traumforschung profitieren und möglicherweise zu einer noch wirkungsvolleren Arbeit mit Träumen in der Psychotherapie finden könnte. Ich hoffe, die vorliegende Arbeit konnte dazu einen Beitrag leisten.

Literatur

Adam, K. U. (2000): *Therapeutisches Arbeiten mit Träumen*. Berlin: Springer.
Adler, A. (2010). Zur Traumdeutung. In: G. Eife (Hrsg.), *Persönlichkeitstheorie, Psychopathologie, Psychotherapie (1913–1937). Studienausgabe Bd. 3* (S. 590–607). Göttingen: Vandenhoeck & Ruprecht.
Alexander, F. G. (1925). Über Traumpaare und Traumreihen. *Internationale Zeitschrift f. Psychoanalyse, 11*, 80–85.
Angeloch, D. (2020). Den Traum denken. Traum und Traumgedanken bei Sigmund Freud, Hanna Segal und Wilfred Bion. In: M. Guthmüller & H.-W. Schmidt-Hannisa (Hrsg.), *Das nächtliche Selbst. Traumwissen und Traumkunst im Jahrhundert der Psychologie. Band II: 1900–1950* (S. 77–108). Göttingen: Wallstein.
Aserinsky, E. & Kleitman, N. (1953). Regularly occurring periods of eye motility and concomitant phenomena during sleep. *Science 118*, 273–274
Barrett, D. (1996). Dreams in multiple personality disorder. In: D. Barrett (Hrsg.), *Trauma and dreams* (S. 68–81). Cambridge: Harvard University Press.
Barrett, D. (2001). *The committee of sleep. How artists, scientists, and athletes use dreams for creative problem-solving*. New York: Crown.
Barrett, D. (2015). Dreams. Thinking in a different biochemical state. In: M. Kramer & M. Glucksman (Hrsg.), *Dream research. Contributions to clinical practice (80–94)*. London: Routledge.
Barrett, D. & McNamara, P. (2007a). *The new science of dreaming: Vol. 2. Content, recall, personality correlates*. Westport: Praeger.
Barrett, D. & McNamara, P. (2007b). The new science of dreaming: Vol. 3. Cultural and theoretical perspectives. Westport: Praeger.
Bash, K. W. (1988). Zur experimentellen Grundlegung der Jungschen Traumanalyse. In: K. W. Bash (Hrsg.), *Die analytische Psychologie im Umfeld der Wissenschaften* (S. 145–154). Bern: Huber.
Becker, N. (2018): Bions Umgang mit Freuds Traumdeutung und seine Theorie des Lernens durch Erfahrung. In: W. Berner, G. Amelung, A. Boll-Klatt & U. Lamperter (Hrsg.), *Von Irma zu Amalie. Der Traum und seine psychoanalytische Bedeutung im Wandel der Zeit* (S. 97–110). Gießen: Psychosozial.
Berner, W., Amelung, G., Boll-Klatt, A. & Lamperter, U. (Hrsg.) (2018). *Von Irma zu Amalie. Der Traum und seine psychoanalytische Bedeutung im Wandel der Zeit*. Gießen: Psychosozial.
Berner, W. (2018a). Traumtheorie von Freud bis Bion. In: W. Berner, G. Amelung, G., A. Boll-Klatt & U. Lamperter, (Hrsg.), *Von Irma zu Amalie. Der Traum und seine psychoanalytische Bedeutung im Wandel der Zeit (S. 83–96)*. Gießen: Psychosozial.
Berner, W. (2018b). Empirische Traumforschung. In: W. Berner, G. Amelung, G., A. Boll-Klatt & U. Lamperter, (Hrsg.), *Von Irma zu Amalie. Der Traum und seine psychoanalytische Bedeutung im Wandel der Zeit* (S. 111–120). Gießen: Psychosozial.
Binswanger, R. & Wittmann, L. (2019). Reconsidering Freud's dream theory. *International Journal of Dream Research, 12 (1)*, 103–111.
Bion, W. R. (1962): A Theory of Thinking. In: E. Bott-Spillius (Hrsg.), *Melanie Klein heute, Bd. 1*. Stuttgart: Klett-Cotta.
Bohleber, W. (2012). Neue Befunde zum Traum und seine Bedeutung. *Psyche 66 (9–10)*, 769–775.

Bollas, C. (1987). *Der Schatten des Objekts. Das ungedachte Bekannte: zur Psychoanalyse der frühen Entwicklung.* Stuttgart: Klett Cotta.
Boothe, B. (1994). *Der Patient als Erzähler in der Psychotherapie.* Göttingen: Vandenhoeck & Ruprecht.
Boothe, B. (2002). *Kodiermanual zur Erzählanalyse JAKOB. Berichte aus der Klinische Psychologie, Nr.52.* Zürich: Universität Zürich, Psychologisches Institut.
Boothe, B. (2006). Körpererleben in der Traummitteilung und Körpererfahrung im Traum. *PiD – Psychotherapie im Dialog, 7(2)*, 185–190.
Boothe, B. (2018). Amalie – Traumdeutung in der heutigen Praxis. In: W. Berner, G. Amelung, G., A. Boll-Klatt, U. Lamperter, (Hrsg.), *Von Irma zu Amalie. Der Traum und seine psychoanalytische Bedeutung im Wandel der Zeit* (S. 53–83). Gießen: Psychosozial.
Boothe, B. & Stojkovic, D. (2013). Schlafhüter und Muntermacher – Traum, Wunsch und die Kunst des Wartens. In: B. Boothe (Hrsg.), *Wenn doch nur – ach hätte ich bloß. Die Anatomie des Wunsches* (S. 34–70). Zürich: Rüffer & Rub.
Bradlow, P. A. & Bender, E. P. (1997). First dreams in psychoanalysis. A case study. *Journal of Clinical Psychoanalysis, 12*, 387–396.
Bulkeley, K. (2007). Sacred Sleep: Scientific contributions to the study of religiously significant dreaming. In: D. Barrett & P. McNamara (Hrsg.), *The new science of dreaming: Cultural and theoretical perspectives* (S. 71–94). Westport: Praeger.
Bulkeley, K. (2008). *Dreaming in the world's religions.* New York: New York University Press.
Cartwright, R. D. (1977). *Night life.* Englewood Cliffs: Prentice-Hall.
Cartwright, R. D. (1991). Dreams that work: The relation of dream incorporation to adaptation to stressful events. *Dreaming, 1 (1)*, 3–9.
Cartwright, R. D. (1996). Dreams and the adaptation to divorce. In: D. Barrettt (Hrsg.), *Trauma and dreams* (S. 179–185). Cambridge: Havard University Press.
Cartwright, R. D. (2005). Dreaming as a mood regulation system. In: M. Kryger, T. Roth & W. Dement (Hrsg.), *Principles and practice of sleep medicine* (S. 565–572). Philadelphia: Elsevier Saunders.
Cartwright, R. D., Luten, A., Young, M., Mercer, P. & Bears, M. (1998). Role of REM-sleep and dream affect in overnight mood regulation: a study of normal volunteers. *Psychiatry Research, 81 (1)*, 1–8.
Cogar, M. C. & Hill, C. E. (1992). Examining the effects of brief dream interpretation. *Dreaming, 2 (1)*, 239–248.
Cooper, J. C. (1978). *Dictionary of traditional symbols.* London: Thames and Hudson.
Crick, F. & Mitchison, G. (1983). The function of dream sleep. *Nature, 304*, 111–114.
DeCicco, T. L., Donati, D. & Pini, M. (2012). Examining dream content and meaning of dreams with English and Italian versions of the storytelling method of dream interpretation. *International Journal of Dream Research, 5 (1)*, 68–75.
Dement, W. (1966). Psychophysiology of sleep and dreams. In: S. Arieti (ed.), *American Handbook of Psychiatry, Vol. 3.* New York: Basic Books.
De Koninck J, Prevost F, Lortie-Lussier M (2003): Vertical inversion of the visual field and REM sleep mentation. *Dreaming, 13*, 83–93.
Deserno, H. (Hrsg.) (1999). *Das Jahrhundert der Traumdeutung.* Stuttgart: Klett-Cotta
Deserno, H. & Kächele, H. (2013). Traumserien. Ihre Verwendung in Psychotherapie und Therapieforschung. In: B. Janta, B. Unruh, S. Walz-Pawlita (Hrsg.), *Der Traum* (S. 233–244). Gießen: Psychosozial.
Desteian, J. A. (1989): *Coming together – coming apart. The union of opposites in love relationships.* Boston: Sigo Press.
Dieckmann, H. (1965): Integration process of the ego-complex in dreams. *Journal of Analytical Psychology, 10 (1)*, 49–66.
Dieckmann, H. (1974). *Träume als Sprache der Seele. Einführung in die Traumdeutung der Analytischen Psychologie C.G. Jungs.* Stuttgart: Bonz.
Diemer, R. A., Lobell, L. K., Vivino, B. L. & Hill, C. E. (1996). Comparison of dream interpretation, event interpretation and unstructured sessions in brief therapy. *Journal of Consulting Psychology, 43*, 99–112.

Döll-Hentschker, S. (2008). *Die Veränderung von Träumen in psychoanalytischen Behandlungen.* Frankfurt (Main), Brandes & Apsel.
Domhoff, G. W. (1996). *Finding meaning in dreams: a quantitative approach.* New York: Plenum Press.
Domhoff, G. W. (2003). *The scientific study of dreams: Neural networks, cognitive development, and content analysis.* Washington D.C.: American Psychological Association.
Domhoff, G. W. (2017). The invasion of the concept snatchers: The origins, distortions, and future of the continuity hypothesis. *Dreaming, 27 (1),* 14–39.
Domhoff, G. W. & Fox, K. C. R. (2015). Dreaming and the default network: A review, synthesis, and counterintuitive research proposal. *Consciousness and Cognition, 33,* 342–353.
Domhoff, G. W. & Schneider, A. (2018). Are dreams social simulations? Or are they enactments of conceptions and personal concerns? An empirical and theoretical comparison of two dream theories. *Dreaming,* 28 (1), 1–23.
Edwards, C. L., Ruby, P. M., Malinowski, J. E., Bennett, P. D. & Blagrove, M. T. (2013). Dreaming and insight. *Frontiers in Psychology, 4,* 979.
Ellis, L. A. (2016). Qualitative changes in recurrent PTSD nightmares after focusing-oriented dreamwork. *Dreaming, 26 (3),* 185–201.
Enke, H.; Ohlmeier, D. & Nast, J. (1968). Eine formale Affekt- und Beziehungsanalyse in Traumserien von Patienten mit psychosomatischen Krankheitsbildern. *Zeitschrift für Psychosomatische Medizin und Psychoanalyse,* 14 (1), 15–33.
Erikson, E. H. (1955). Das Traummuster der Psychoanalyse. *Psyche, 8,* 561–604.
Ermann, M. (1995). Die Traumerinnerung bei Patienten mit psychogenen Schlafstörungen. Empirische Befunde und einige Folgerungen für das Verständnis des Träumens. In: Sigmund-Freud-Institut (Hrsg.), *Traum und Gedächtnis* (S. 165–186). Münster: LIT.
Ermann, M. (2005). *Träume und Träumen.* Stuttgart: Kohlhammer.
Fairbairn. W. R. D. (1952). *Psychoanalytic studies of the personality.* London: Tavistock.
Falk, D. R. & Hill, C. E. (1995). The effectiveness of dream interpretation groups for women undergoing a divorce transition. *Dreaming, 5,* 29–42.
Finke, J., Deloch, H. & Stumm, G. (2019). *Personzentrierte Psychotherapie und Beratung.* München: Reinhardt.
Fischer, C. (1978). *Der Traum in der Psychotherapie. Ein Vergleich Freud'scher u. Jung'scher Patiententräume.* München: Minerva.
Fischmann, T. & Leuschner, W. (2008). Kann die psychoanalytische Traumtheorie experimentell gestützt werden? In: G. Poscheschnik (Hrsg.), *Empirische Forschung in der Psychoanalyse* (S. 121–141). Gießen: Psychosozial.
Fischmann, T., Leuzinger-Bohleber, M. & Kächele, H. (2012). Traumforschung in der Psychoanalyse: klinische Studien, Traumserien, extra klinische Forschung im Labor. *Psyche,* 66, 833–61
Fischmann, T. & Leuzinger-Bohleber, M. (2018). Traum und Depression. In: W. Berner, G. Amelung, G., A. Boll-Klatt & U. Lamperter, (Hrsg.), *Von Irma zu Amalie. Der Traum und seine psychoanalytische Bedeutung im Wandel der Zeit* (S. 163–182). Gießen: Psychosozial.
Fischmann, T., Leuzinger-Bohleber, M. & Kächele, H. (2012). Traumforschung in der Psychoanalyse: klinische Studien, Traumserien, extra klinische Forschung im Labor. *Psyche,* 66, 833–861.
Fisher, S. & Greenberg, R. P. (1977). *The scientific credibility of Freud's theories and therapy.* Hassocks: Harvester Press.
Fisher, S. & Greenberg, R. P. (1996). *Freud scientifically reappraised. Testing the theories and therapy.* New York: Wiley.
Fiss, H. (1979). Current dream research. A psychobiological perspective. In: B. Wolman (Hrsg.), *A handbook of dreams* (S. 20–75). New York: Van Nostrand.
Fiss, H. (1995). The Post-Freudian dream. A reconsideration of dream theory based on recent sleep laboratory findings. In: H. Bareuther, K. Brde, M. Evert-Saleh & N. Spangenberg (Hrsg.), *Traum und Gedächtnis. Materialien aus dem Sigmund-Freud-Institut.* Bd. 15. (S. 11–35). Münster: LIT.
Fonagy, P., Kächele, H., Leuzinger-Bohleber, M. & Taylor, D. (Hrsg.) (2012). *The significance of dreams: Bridging clinical and extraclinical research in psychoanalysis.* London: Karnac.

Fosshage, J. L. (1987). New vistas on dream interpretation. In: M. Glucksman (Hrsg.), *Dreams in new perspective. The royal road revisited*. New York: Uman Sciences Press.
Fosshage, J. L. (1997). The organizing functions of dreaming mentation. *Contemporary Psychoanalysis, 33*, 429–458.
Foulkes, D. (1982a). You think all night long. In: R. Woods, H. Greenhouse (Hrsg.), *The new world of dreams* (S. 298–302). New York, MacMillan.
Foulkes, D. (1982b). How is the dream formed? In: R. Woods, H. Greenhouse (Hrsg.), *The new world of dreams* (S. 303–313). New York, MacMillan.
Foulkes, D. (1999). *Children's dreaming and the development of consciousness*. Cambridge: Harvard University Press.
French, T. M. (1954). *The integration of behavior. Vol. II: The integrative process in dreams*. Chicago: University of Chicago Press.
Freud, S. (1900). *Die Traumdeutung. GW 2/3*. Frankfurt (Main): Fischer.
Freud, S. (1913). *Das Interesse an der Psychoanalyse. GW 8*. Frankfurt (Main): Fischer.
Freud, S. (1916). *Vorlesungen zur Einführung in die Psychoanalyse. GW 11*. Frankfurt (Main): Fischer.
Freud, S. (1933). *Neue Folge der Vorlesungen zur Einführung in die Psychoanalyse. GW 15*. Frankfurt (Main): Fischer.
Gazzillo, F., Silberschatz, G., Fimiani, R., De Luca, E. & Bush, M. (2019). Dreaming and adaptation: the perspective of control-mastery theory. *Psychoanalytic Psychology, 37 (3)*, 185–198.
Gendlin, E. T. (1987): *Dein Körper – Dein Traumdeuter*. Salzburg: Müller.
Glucksman, M. L. & Kramer, M. (2015). The manifest dream report and clinical change. In: M. Kramer & M. Glucksman (Hrsg.), *Dream research. Contributions to clinical practice* (S. 107–123). London: Routledge.
Greenberg, R. & Pearlman, C. (1978). If Freud only knew. A reconsideration of psychoanalytic dream theory. *International Review of Psycho-Analysis, 5*, 71–75.
Hall, C. S. (1966). *The meaning of dreams*. New York: McGraw-Hill.
Hall, C. S. & Van De Castle, R. L. (1966). *The content analysis of dreams*. New York: Appleton-Century-Crofts.
Hall, C. S. & Nordby, V. J. (1972). The individual and his dreams. New York: Signet.
Hallschmid, M. & Born, J. (2006). Der Schlaf der Vernunft gebiert Wissen. In: M. H. Wiegand, F. von Spreti, & H. Förstl (Hrsg.), *Schlaf und Traum. Neurobiologie, Psychologie, Therapie* (S. 75–106). Stuttgart: Schattauer.
Hamburger, A. (2013): Via Regia und zurück. In: B. Janta, B. Unruh, S. Walz-Pawlita (Hrsg.), *Der Traum* (S. 123–146). Gießen: Psychosozial.
Hannich, H.-J. (2018): *Individualpsychologie nach Alfred Adler*. Stuttgart: Kohlhammer.
Hartmann, E. (1973). *The functions of sleep*. New Haven: Yale University Press.
Hartmann, E. (1995). Making connections in a safe place: Is dreaming psychotherapy? *Dreaming, 5*, 213–228.
Hartmann, E. (1996). Outline for a theory on the nature and functions of dreaming. *Dreaming, 6*, 147–170.
Hartmann, E. (1998). *Dreams and nightmares. The new theory on the origin and meaning of dreams*. New York: Plenum Trade.
Hartmann, E. (2010): *The nature and functions of dreaming*. New York: Oxford University Press.
Hau, S. (2018). Experimentelle Schlaf- und Traumforschung. In: A. Krovoza & C. Walde (Hrsg.), *Traum und Schlaf: Ein interdisziplinäres Handbuch* (S. 275–286). Stuttgart: J. B. Metzler.
Hill, C. E. (1996). *Working with dreams in psychotherapy*. New York: Guildford Press.
Hill, C. E., Diemer, R., Hess, S., Hillyer, A. & Seeman, R. (1993). Are the effects of dream interpretation on session quality, insight and emotion due to the dream itself, to projection or to the interpretation process? *Dreaming, 3*, 269–280.
Hill, C. E., Diemer, R. A. & Heaton, K. J. (1997). Dream interpretation sessions: who volunteers, who benefits, and what volunteer clients view as most hand least helpful. *Journal of Counselling Psychology, 44*, 53–62.

Hill, C. E., Nakayama. E. Y., Wonnell, T. L. (1998). The effects of description, association, or combined description/associationin exploring dream images. *Dreaming, 8*, 1–13.
Hill, C. E. & Rochlen, A. (2004): The Hill cognitive-experiental model of dream interpretation. In: R. Rosner, & W. Lyddon & A. Freeman (Hrsg.), *Cognitive therapy and dreams* (S. 161–178). New York: Springer.
Hill, C. E., & Spangler, P. (2007). Dreams and psychotherapy. In: D. Barrett & P. McNamara (Hrsg.), *The new science of dreaming. Vol. 2: Content, recall and personality correlates* (S. 159–186). Westport: Praeger.
Hobson, A. & McCarley, R. W. (1971). Cortical unity activity in sleeping and waking. *Electroencephalography Clinical Neurophysiology, 30*, 97–112.
Hobson, A. & McCarley, R. W. (1977). The brain as a dream-state generator: an activation-synthesis-hypothesis of the dream process. *American Journal of Psychiatry, 134*, 1335–1348.
Hobson, A., & Schredl, M. (2011). The continuity and discontinuity between waking and dreaming: a dialogue between Michael Schredl and Allan Hobson concerning the adequacy and completeness of these notions. *International Journal of Dream Research, 4 (1)*, 3–7.
Hollan, D. (2003). Selfscape dreams. In: J. M. Mageo (Hrsg.), *Dreaming and the self*. Albany: State University of New York Press.
Horton, C. & Malinowski, J. (2015). Autobiographical memory and hyperassociativity in the dreaming brain: implications for memory consolidation in sleep. *American Journal of Psychiatry, 134*, 1335–1348.
Hoss, R. J. (2011). The continuity and discontinuity between waking and dreaming from the perspective of an analytical psychological construct. *International Journal of Dream Research, 4 (2)*, 81–83.
Janta, B., Unruh, B. & Walz-Pawlita, S. (Hrsg.) (2013). Der Traum. Gießen: Psychosozial.
Jiménez, J. P. (2012). Tradition und Erneuerung in der Traumdeutung. *Psyche, 66 (9/10)*, 803–832.
Jung, C. G. (1971). *Allgemeine Gesichtspunkte zur Psychologie des Traumes. GW Bd. 8*. Olten: Walter.
Jung, C. G. (1972). *Traumsymbole des Individuationsprozesses. GW Bd. 12*. Olten, Walter.
Jung, C. G. (1981). *Die Beziehungen zwischen dem Ich und dem Unbewußten. GW Bd. 7*.Olten: Walter.
Jung, C. G. (1984). *Die praktische Verwendbarkeit der Traumanalyse. GW Bd. 16*. Olten: Walter.
Jung, C. G. (1991). *Traumanalyse. C. G. Jung. Gesammelte Werke (Seminare 1928-1930)*. Olten: Walter.
Jung, C. G. (2001): *Seminare Kinderträume*. Olten: Walter.
Kächele, H., Eberhardt, J., & Leuzinger-Bohleber, M. (1999). *Expressed relationships, dream atmosphere and problem solving in Amalia's dreams – dream series as process tool to investigate cognitive changes (a single case study. Psychoanalytic process research strategies II*. Ulm: Ulmer Textbank.
Kächele, H., Leuzinger-Bohleber, M., Buchheim, A., & Thomä, H. (2006). Amalie X – ein deutscher Musterfall (Ebene I und Ebene II). In: H. Thomä & H. Kächele (Hrsg.), *Psychoanalytische Therapie. Forschung* (S. 121–174). Berlin: Springer.
Kächele, H. (2012). Dreams as subject of psychoanalytical treatment research. In: P. Fonagy, H. Kächele, M. Leuzinger-Bohleber & D. Taylor (Hrsg.), *The significance of dreams. Bridging clinical and extraclinical research in psychoanalysis* (S. 89–100). London: Karnac.
Kast, V. (2006). *Träume*. Düsseldorf: Walter.
Kirsch, T. (1968). The relationship of the REM state to Analytical Psychology. *American Journal of Psychiatry, 124 (10)*, 1459–1463.
Köthe, M. & Pietrowsky, R. (2001). Behavioral effects of nightmares and their correlatiosn to personality patterns. *Dreaming, 11*, 43–52.
Kohut, H. (1977). *The restoration of the self*. New York: International Universities Press.
Kohut, H. (1979). *Die Heilung des Selbst*. Frankfurt: Suhrkamp.
Kramer, M. (1964). Patterns of dreaming. The interrelationship of the dreams of a night. *Journal of Nervous Mental Disease, 139*, 426–439.

Kramer, M. (2015): Establishing the meaning of a dream. In: M. Kramer & M. Glucksman (Hrsg.), *Dream research. Contributions to clinical practice* (S. 1–13). London: Routledge.
Kramer, M., Hlasny, R., Jacobs, G. & Roth, T. (1976). Do dreams have meaning? An empirical inquiry. *American Journal of Psychiatry, 133*, 778–781.
Kramer, M., Hoffmann, R. (Hrsg.) (1993). *The functions of dreaming.* Albany: State University of New York Press.
Kramer, M. & Glucksman, M. (Hrsg.) (2015). *Dream research. Contributions to clinical practice.* London: Routledge.
Kuiken, D., Sikora, S. (1993). The impact of dreams on waking thoughts and feelings. In: A. Moffit, M. Kramer & R. Hoffmann (Hrsg.), *The functions of dreaming* (S. 419–476). Albany, State University of New York Press.
Kron, T. & Avny, N. (2003). Psychotherapists' dreams about their patients. *Journal of Analytical Psychology, 48,* 317–339.
Laubscher, S. (2006). »Ich kann nicht schlafen!« Möglichkeiten der Selbstmedikation bei behandlungsbedürftigen Schlafstörungen. *Deutsche Apotheker Zeitung, 44,* 46.
Leuschner, W. (1999): Experimentelle psychoanalytische Traumforschung. In: H. Deserno (Hrsg.), *Das Jahrhundert der Traumdeutung* (S. 356–374). Stuttgart: Klett Cotta.
Leuzinger-Bohleber, M. (1989). *Veränderung kognitiver Prozesse in Psychoanalyse. Bd. II: Fünf aggregierte Einzelfallstudien.* Ulm: PSZ.
Leuzinger-Bohleber, M. (2013). Emodiment – Traum(a) – Depression. In: B. Janta, B. Unruh, S. Walz-Pawlita (Hrsg.), *Der Traum* (S. 253–284). Gießen: Psychosozial.
Levin, R. (1990). Psychoanalytic theories on the function of dreaming. A review of the empirical dream research. In: J. M. Masling (Hrsg.), *Empirical studies of psychoanalytic theories, Vol. 3* (S. 1–53). Hillsdale: Analytic Press.
Levy, R., Ablon S., Ackerman J., Thomä H. & Kächele H. (2012). A specimen session of psychoanalytic therapy under the lens of the Psychotherapy Process Q-set. In: R. Levy, S. Ablon & H. Kächele (Hrsg.), *Psychodynamic psychotherapy research* (S. 509–528). New York: Humana.
Lohmann, R. I. (2007). Dreams and ethnography. In: D. Barrett & P. McNamara (Hrsg.), *The new science of dreaming: cultural and theoretical perspectives* (S. 35–70). Westport: Praeger.
Lucius-Hoene, G. & Deppermann, A. (2004). *Rekonstruktion narrativer Identität: ein Arbeitsbuch zur Analyse narrativer Interviews.* Wiesbaden: Verlag für Sozialwissenschaften.
Mageo, J. M. (2003). Subjectivity and identity in dreams. In: J. M. Mageo (Hrsg.), *Dreaming and the self* (S. 23–40). Albany: State University of New York Press.
Maggiolini, A., Morelli, M., Falotico, E. & Montali, L. (2016): Dream contents of early adolescents, adolescents, and young adults: a cluster analysis with T-LAB. *Dreaming, 26 (3),* 221–237.
Mathys, H. (2001). »… *ich hab heut Nacht so einen herrlichen Mist geträumt* …« *Amaliens Traumerzählungen untersucht mit der Erzählanalyse JAKOB.* Unveröffentlichte. Lizentiatsarbeit, Zürich: Universität Zürich, Psychologisches Institut, Abt. Klinische Psychologie I.
McCarley, R. & Hobson, A. (1979). The form of dreams and the biology of sleep. In: B. Wolman (Hrsg.), *A handbook of dreams* (S. 76–130). New York: Van Nostrand.
Meltzer, D. (1983). *Dream – life – a re-examination of the psychoanalytical theory and technique.* Strathclyde: Clunie Press.
Mentzos, S. (1995). Traumsequenzen. Zur Psychodynamik der Traumdramaturgie. *Psyche, 49,* 653–671.
Mergenthaler E, Neudert-Dreyer L, Pokorny D & Thomä H (2006). The German Specimen Case Amalia X: Empirical Studies. *The International Journal of Psychoanalysis, 87,* 809–826.
Merkle, G. (1987). *Veränderungen des Trauminhaltes während einer Psychoanalyse: Veränderungen des Mozart-Kontextes im Modell kognitiver Prozesse während einer Psychoanalyse.* Medizinische Dissertation. Ulm: Universität Ulm, Abteilung Psychotherapie.
Moffitt, A., Kramer, M. & Hoffmann, R. (Hrsg.) (1993). The functions of dreaming. Albany: State University of New York Press.
Morgenthaler, F. (1986). *Der Traum. Fragmente zur Theorie und Technik der Traumdeutung.* Frankfurt (Main): Campus.

Moser, U. & von Zeppelin, I. (1991). *Cognitive-affective processes*. Berlin: Springer.
Moser, U. & von Zeppelin, I. (1996). *Der geträumte Traum. Wie Träume entstehen und sich verändern*. Stuttgart: Kohlhammer.
Moser, U. (1999). Selbstmodelle und Selbstaffekte im Traum. *Psyche, 53*, 222–248.
Moser, U. (2003). Traumtheorien und Traumkultur in der psychoanalytischen Praxis. *Psyche, 57*, 639–657.
Nielsen, T., Zadra, A., Simard, V., Saucier, S., Stenstrom, P., Smith, C. & Kuiken, D. (2003). The typical dreams of Canadian university students. *Dreaming, 13*, 211–235.
Nielsen, T., & Lara-Carrasco, J. (2007). Nightmares, dreaming, and emotion regulation. A review. In: D. Barrett, P. McNamara (Hrsg.), *The new science of dreaming. Vol. 2: Content, recall and personality correlates* (S. 253–284). Westport: Praeger.
Nielsen, T. & Levin, R. (2007): Nightmares: a new neurocognitive model. *Sleep Medicine Review, 11*, 295–310.
Pagel, J. F. (2015): Positive aspects of classic nightmares. In: M. Kramer & M. Glucksman (Hrsg.), *Dream research. Contributions to clinical practice* (S. 161–173). London: Routledge.
Palombo, S. R. (1982). How the dream works. The role of dreaming in the psychotherapeutic process. In: S. Slipp (Hrsg.), *Curative factors in dynamic psychotherapy* (S. 223–242). New York: McGraw Hill.
Perls, F. S., Hefferline, R. F. & Goodman, P. (2006). *Gestalt-Therapie*. Stuttgart: Klett-Cotta.
Perogamvros, L., Dang-Vu, T. T., Desseiles, M. & Schwartz, S. (2013). Sleep and dreaming are for important matters. *Frontiers in Psychology, 4*, 474.
Picchioni, D. & Hicks, R. A. (2009). Differences in the relationship between nightmares and coping with stress for Asians and Caucasians. A brief report. *Dreaming, 19*, 108–112.
Popp, C., Luborsky, L. & Crits-Christoph, P. (1990). The parallel of the CCRT from therapy narratives with the CCRT from dreams. In: L. Luborsky & P. Crits-Christoph (Hrsg.), *Understanding transference. The CCRT method* (S. 158–172). New York: Basic Books.
Propp, V. (1975). *Morphologie des Märchens*. Frankfurt (Main): Surkamp.
Revonsuo, A., Tuominen, J., & Valli, K. (2015). The avatars in the machine: Dreaming as a simulation of social reality. In: T. Metzinger & J. M. Windt (Hrsg.), *Open MIND* (S. 1–28). Frankfurt (Main): MIND Group.
Robbins, P. R. & Tanck, R. H. (1980). Sexual gratification and sexual symbolism in dreams: some support for Freud's theory. *Bulletin of the Menninger Clinic, 44*, 49–58.
Rodenbeck, A., Gruber-Rüther, A., Rüther, E. (2006). Affekte im Traum und Wacherleben – eine Affekthypothese des Traumes. In: M. H. Wiegand, F. von Spreti & H. Förstl (Hrsg.), *Schlaf und Traum. Neurobiologie, Psychologie, Therapie* (S. 115–130). Stuttgart: Schattauer.
Roesler, C. (2016): *Das Archetypenkonzept C.G.Jungs. Theorie, Forschung, Anwendung*. Stuttgart: Kohlhammer.
Roesler, C. (2018a): Dream content corresponds with dreamer's psychological problems and personality structure and with improvement in psychotherapy. A typology of dream patterns in dream series of patients in analytical psychotherapy. *Dreaming*, 28 (4), 303–321.
Roesler, C. (2018b): Jungian dream interpretation and empirical dream research. In: C. Roesler (Hrsg.), *Research in Analytical Psychology*. London. Routledge.
Roesler, C. (2018c): Structural Dream Analysis: a narrative research method for investigating the meaning of dream series in analytical psychotherapies. *International Journal of Dream Research, 11 (1)*, 21–29.
Roesler, C. (2020): The structural approach to the empirical investigation of the meaning of dreams – Findings from the research project »Structural Dream Analysis«. *International Journal of Dream Research*, 13 (1), 46–55.
Roth, M. (2003): *Träume in der systemischen Paartherapie*. Göttingen: Vandenhoeck und Rupprecht.
Rüther, E. & Gruber-Rüther, A. (2000). Traum Affekt. Spiel, Theorie, Therapie. *Psyche, 26*, 250–258.
Sándor, P., Szakadát, S. & Bódizs, R. (2016). The development of cognitive and emotional processing as reflected in children's dreams. Active self in an eventful dream signals better neuropsychological skills. *Dreaming, 26 (1)*, 58–78.

Schredl, M. (2000). The effects of dreams on waking life. *Sleep and Hypnosis, 2 (3)*, 120–124.
Schredl, M. (2003): Continuity between waking and dreaming: a proposal for a mathematical model. *Sleep and Hypnosis, 5*, 38–52.
Schredl, M. (2006). Experimentell-psychologische Traumforschung. In: M. H. Wiegand, F. von Spreti, & H. Förstl (Hrsg.), *Schlaf und Traum. Neurobiologie, Psychologie, Therapie* (S. 37–74). Stuttgart, Schattauer.
Schredl, M. (2007). Träume. *Die Wissenschaft enträtselt unser nächtliches Kopfkino*. Berlin: Ullstein.
Schredl, M. (2015): The continuity between waking and dreaming. Empirical research and clinical implications. In: M. Kramer & M. Glucksman (Hrsg.), *Dream research. Contributions to clinical practice* (S. 27–37). London: Routledge.
Schredl, M. (2018). *Researching dreams. The fundamentals*. Cham: Palgrave MacMillan.
Sellschopp, A. (2006). Tiefenpsychologische Aspekte des Traums. In: M. H. Wiegand, F. von Spreti, & H. Förstl (Hrsg.), *Schlaf und Traum. Neurobiologie, Psychologie, Therapie* (S. 131–140). Stuttgart, Schattauer. pp 131–140.
Solms, M. (1977). *Neurophysiologie des Träumens*. Stuttgart: Klett-Cotta.
Solms, M. (2000). Dreaming and REM sleep are controlled by different brain mechanisms. *Behavioral and Brain Sciences, 23*, 843–850.
Solms, M. (2011). Neurobiology and the neurological basis of dreaming. *Handbook of Clinical Neurology, 98*, 519–544.
Solms, M. (2013a): Der Wunsch im Traum – eine neuropsychoanalytische Perspektive. In: B. Boothe (Hrsg.), *Wenn doch nur – ach hätte ich bloß. Die Anatomie des Wunsches* (S. 126–140). Zürich: Rüffer & Rub.
Solms, M. (2013b): Freuds Primärprozess versus Hobsons Protobewusstsein. In: B. Janta, B. Unruh, S. Walz-Pawlita (Hrsg.), *Der Traum* (S. 245–252). Gießen: Psychosozial.
Solms, M. & Turnbull, O. (2002). *The brain and the inner world*. New York: Other Press.
Spangler, P. T. & Hill, C. E. (2015). The Hill ognitive-Experiental Model. In: M. Kramer & M. Glucksman (Hrsg.), *Dream research. Contributions to clinical practice* (S. 123–134. London: Routledge.
Spitzer, M., Walder, S. & Clarenbach, P. (1993). Aktivierte assoziative Netzwerke im REM-Schlaf: Semantische Bahnungseffekte nach dem Aufwecken aus verschiedenen Schlafstadien. In: K. Meier-Ewert, E. Rühle (Hrsg.), *Schlafmedizin* (S. 168–178). Stuttgart, Fischer.
Stevens, A. (1995). *Private myths: dreams and dreaming*. London: Hamish Hamilton.
Stolorow, R. (1978). Themes in dreams. A brief contribution to therapeutique technique. *The International Journal of Psycho-Analysis, 59*, 473–475
Stolorow, R. & Atwood, G. (1993). Psychoanalytic phenomenology of the dream. In: S. Flanders (Hrsg.), *The dream discourse today* (S. 213–228). London: Routledge.
Strauch, I. & Meier, B. (2004). *Den Träumen auf der Spur: Zugang zur modernen Traumforschung*. Bern: Huber.
Thömä, H. & Kächele, H. (1996). *Lehrbuch der psychoanalytischen Therapie*. Berlin: Springer.
Traumwerkstatt (Hrsg.) (1998). *Träume in der Paartherapie*. Göttingen: Vandenhoeck & Ruprecht.
v. Brasch, V. (1983). Der Initialtraum. In: U. Eschenbach (Hrsg.), *Die Behandlung in der Analytischen Psychologie*. Stuttgart: Bonz.
Vedfelt, O. (1997). *Dimensionen der Träume*. Düsseldorf: Walter.
Vedfelt, O. (2017). *A guide to the world of dreams*. London: Routledge.
Vinocur Fischbein, S. (2011). The use of dreams in the clinical context: Convergencies and divergencies: an Interdiscipinary proposal. *International Journal of Psycho-Analysis, 92*, 333–358.
Wagner, U., Gais, S., Haider, H., Verleger, R. & Born, J. (2004). Sleep inspires insight. *Nature, 427*, 352–355.
Werner, C. & Langenmayr, A. (2005). *Der Traum und die Fehlleistungen. Psychoanalyse und Empirie. Bd. 2*. Göttingen: Vandenhoeck und Ruprecht.
Weiss, J. (1993). *How psychotherapy works: process and technique*. New York: Guildford.
Widmer, D. B. (2019). *Structural Dream Analysis: The Case of Amalie X*. Unveröff. Masterthesis. Zürich: Universität Zürich.

Windt, J. M. (2015): *Dreaming*. Cambridge: MIT Press.
Windt, J. M. (2018). Kognitionswissenschaften und Philosophie. In: A. Krovoza & C. Walde (Hrsg.), *Traum und Schlaf: Ein interdisziplinäres Handbuch* (S. 233–247). Stuttgart: J. B. Metzler.
Wright, J. &, Koulack, D. (1987). Dreams and contemporary stress a disruption-avoidance-adaptation model. *Sleep, 10*, 172–179.